Impressum:
Bibliografische Information der Deutschen Nationalbibliothek: Die Deutsche Nationalbibliothek verzeichnet diese Publikation in der Deutschen Natio-
nalbibliografie; detaillierte bibliografische Daten sind
im Internet über dnb.dnb.de abrufbar.

© 2020 Stephan Dettmeyer
eMail: albertus-books@gmx.de
Herstellung und Verlag:
BoD – Books on Demand, Norderstedt
ISBN: 9783750451728

Stephan Dettmeyer

Oh, Gott. Ohnmächtiger.

Philosophische Pamphlete

Autor

...studierte Geophysik, Literatur und Philosophie / freiberuflich seit 1984 als Kolumnist, Fotograf, Kabarettist und Schriftsteller

Inhalt:

Das Elend der marxistischen Philosophie

Man bedenke: Über reichlich 70 Jahre hinweg war in einem Teil der Welt die Philosophie, die auf dem Denken von Marx und Engels basierte, das Amen in der Kirche. Heerscharen von gut bezahlten Geistesarbeitern (mir widerstrebt bereits an dieser Stelle meines Aufsatzes, den Begriff "Philosophen" zu verwenden) strampelten sich damit ab, das Werk der beiden Klassiker möglichst aus- und inwendig nachbeten zu können und zwischen den Zeilen ihren eigenen winzigen Beitrag zur Weiterentwicklung des Marxismus in seiner Gesamtheit zu installieren. So gelang es ihnen letztlich, die geistigen Kinder von Marx und Engels so zu verstümmeln und zu vergewaltigen, dass ihr ursprünglich springlebendiges Wesen in Altersstarrsinn umschlug.

Ja, die marxistisch-leninistische Philosophie (die sich einige Jahrzehnte als marxistisch-leninistisch-stalinistische verstand) hatte sich - wie in einem Teufelskreis - selbst geknebelt und gefangen. MANFRED BUHR (einer der Philosophiepäpste der ehemaligen DDR) schrieb in einem Vorwort zu einem Buch von JOHN ERPENBECK (einem Jungstar der DDR-Philosophie) folgende aufschlussreiche Sätze: "Die Studie (die von Erpenbeck) erhebt nicht den Anspruch, von Irrtümern frei zu sein, wohl aber den, einer Dialektik des Stillstandes nicht zu huldigen.(...) Sie geht aus von den Grundprinzipien der materialistischen Dialektik, wie sie von Marx,

Engels , Lenin ausgearbeitet worden sind und kehrt, bereichert durch die denkende Betrachtung (bitte beachten Sie an dieser Stelle die gigantische Formulierung "denkende Betrachtung" !) von Prozessen der Gesellschaft, der Natur, des Denkens, der Wissenschaft und der Kunst, zu diesen zurück." Da haben wir es! Nicht Stillstand, sondern Kreislauf - von Marx, Engels, Lenin ausgehend - und zurück!

Und wehe nicht! Wehe, wer da womöglich in der Nähe von KANT oder HEGEL oder gar FROMM zurückkehren wollte! Und so kreiselten sie, und kreiselten... bis sie selbst nicht mehr wussten, was hinten und vorne ist. Sie stülpten ihre Kreise der Realität über, und was darüber hinaus ragte, das wurde abgeschnitten oder ignoriert. Die Weltanschauung wurde zur... zur "denkenden Betrachtung" vielleicht, was immer das nach BUHR auch darstellen will, jedenfalls nicht zur Lebenshilfe für die Menschen. Die Menschen, die sich dieser Weltanschauung in gutem Wollen bedienten, wurden willfährige Vasallen der Macht; Huren einer dogmatischen Politik; einer Politik, die eine philosophische Absicherung ihrer Strategien forderte.

Wie ist so etwas erklärbar? Wie kann eine offene, jeden Dogmatismus ablehnende Weltanschauung zur Grundlage von Dogmatismus werden? Waren denn diese Leute, die sich mit Philosophie beschäftigt haben und sich als Marxisten bezeichneten, allesamt Idioten? Wie wurden kluge Leute zu Marxisten? Schlüssige und allgemeingültige Antworten zu finden, wird nicht möglich sein. Aber eine Frage kann ich beantworten - nämlich die, warum ich kein Marxist wurde.

Um Marxist werden zu wollen, hätte ich - um ein paar exemplarische Beispiele anzuführen - in der zehnten Klasse im Fach Staatsbürgerkunde den berühmten Satz des HERAKLIT , in welchem der Kampf bzw. der Krieg als Vater aller Dinge bezeichnet wird, nicht für "bedenkenswert", sondern als "militaristisch" einstufen müssen ; nach dem Abitur hätte ich gemeinsam mit einigen meiner Klassenkameraden alles, nur nicht meine Stabü-Bücher und Hefter verbrennen dürfen ; hätte während meines Geophysikstudiums mehr als zwei M/L-Vorlesungen innerhalb von zwei Jahren besuchen müssen ; hätte niemals eigenmächtig, ohne fachmännische Anleitung erfahrener Marxisten zu den Werken von Marx und Engels greifen und... und das war das vielleicht Schlimmste... darin lesen dürfen! Sodom!

Die Konsequenz meines unbotmäßigen Verhaltens drückt sich darin aus, dass ich - in Hinblick auf die real existierenden Marxisten der DDR - zu der Einsicht vorgedrungen bin : Marx und Engels können keine Marxisten gewesen sein!

Aber zurück zur Ausgangsfrage - ich wurde also kein Marxist, weil mich der Marxismus (so wie er vermittelt und betrieben wurde) als jungen, zwar unwissenden, aber um selbständiges Denken bemühten Menschen abstieß; mir keinen Freiraum bot, mich mit ihm auseinanderzusetzen. Er war starr. Er war nicht fähig, die Welt, wie ich sie tagtäglich erlebte, zu erklären, oder durchschaubarer zu machen.

Im Gegenteil - die Grundthesen des Marxismus wurden von der Realität mehr und mehr ad absurdum geführt. Allein die Tatsache der immens wachsenden Bedeutung von Wissenschaft und Intelligenz gab in meinen Augen alle Bemühungen, die These von der historischen Mission der Arbeiterklasse in die Zukunft hinüberzuretten, der Lächerlichkeit preis. Und was bleibt vom Marxismus ohne dem erklärten Subjekt all seiner Weisheiten, ohne historische Mission der Arbeiterklasse? Oder gar - ganz ohne Arbeiterklasse?

Es bleiben die Marxisten, die nach wie vor unfähig sind, ein weltanschauliches Konzept vorzulegen,

welches auf materialistischer Grundlage in die Zukunft weist und zugleich den Erscheinungen der Gegenwart Rechnung trägt - sprich, ihr Wesen transparent macht. Und solange dies so ist, solange ist die Mühe, die ein Kopf wie Gregor Gysi auf die PDS verwendet, glatt für die Katze.

Wo ein tragfähiges Konzept zu bekommen sein könnte? Naja, mich fragt ja keiner. Aber vielleicht könnte man noch mal bei Marx anfangen. Betone: Anfangen!

März 1991

Der letzte Kongress

Vor zwanzig Jahren, nämlich vom 1. bis 3. November 1989 fand der VII. Philosophie-Kongress der DDR statt. Es sollte der letzte sein. Aber noch einmal war damals alles, was Rang und Namen hatte in der philosophischen Landschaft der DDR - die bösartigen Gerüchten zufolge doch mehr ein Sumpf, denn eine fruchtbare Ebene gewesen sein soll - nach Berlin gekommen, um über "Die Dialektik von wissenschaftlich-technischer Revolution und Menschheitsfortschritt in unserer Epoche" zu palavern.

Am 9. November 1989 wurde die Berliner Mauer, der antifaschistische Schutzwall, wie sie in den Sonntagsreden der führenden Genossen von Partei und Regierung der DDR gern betitelt wurde, geöffnet. Mehr oder weniger versehentlich, wie sich später herausstellen sollte. Die Genossen im Politbüro waren leicht verwirrt in jenen Tagen. Schabowski soll eine missverständliche Anweisung gegeben haben. Oder hat er womöglich die alte Zauberformel "Sesam öffne dich!" genuschelt? Es muss jedenfalls im Politbüro der SED zugegangen sein, wie in der kleinen Gruppe des Kindergartens Berlin Pankow.

Die erstaunlichste Tatsache an der Maueröffnung sowie an den gesamten Wendeereignissen ist deren relativ friedlicher Verlauf. Die Friedlichkeit und Zurückhaltung der staatlichen Schutzorgane war beinahe unbegreiflich. Weder die Armee, noch die Polizeikräfte, noch die Stasi, noch die Kampfgruppen griffen zu den Waffen, um den Erhalt des ersten sozialistischen Staates auf deutschem Boden zu retten. Das beweist nicht zuletzt, dass die Wende unausweichlich geworden war. Niemand glaubte mehr an den Sieg des Sozialismus. Die Idee war längst gestorben. Auch bei den Waffenträgern.

Die Beerdigung der Idee hatte Montag für Montag bei den berühmt gewordenen Demonstrationen des Volkes auf den Straßen und Plätzen des Landes stattgefunden. Hinter den verschlossenen Türen des Parteiapparates hatte man die Idee zwar immer wieder lauthals beschworen, aber schon vor Jahren klammheimlich verhungern und verdursten lassen. Man sprach vom realen Sozialismus, um dem Vergleich mit der Idee vermeiden zu können. Das war zwecklos. Selbst der blindeste aller blinden Parteibonzen hatte erkannt, dass da wenigstens drei Räder im Dreck liefen. Der Sozialismus - und das traf in noch stärkerem Maß auch auf die anderen osteuropäischen sozialistischen Staaten einschließlich der Sowjetunion zu - hatte sich ökonomisch verhoben. In Ermanglung einer populären und überzeugenden Vision von einer sozialistischen Gesellschaft hatte man sich auf einen ökonomischen Wettlauf mit dem Kapitalismus der westlichen Staaten - einschließlich der USA - eingelassen. Das war's dann!

In welch hohem Maß sich der ideologische Nährboden für eine Wende innerhalb des Sozialismus vermehrte und fruchtbar wurde, scheint damals von außen wenig sichtbar gewesen zu sein. Die westlichen Staaten waren von "Perestroika" und "Glasnostch" ebenso überrascht, wie von der Wende in der DDR. Nach außen hin hatten es die dogmatischen Parteiapparate unter Führung der sowjetischen Genossen immer wieder geschafft, das Bild einer doch geschlossenen Formation darzubieten. Die Volksmassen spielten bei diesem Theater weitgehend mit. Man schwenkte die Fähnchen und lachte sich heimlich ins Fäustchen. Man sah zu, wie sich die Partei immer mehr zum Popanz machte. Die hohlen Phrasen boten den Stoff für eine Flut von Witzen. Das Volk stand - wie immer wieder heftig beschworen - fest und unerschütterlich hinter der Partei und krümmte sich vor Lachen. Manche Leute, die ein Mitleid mit der Idee hatten, grämten sich sehr darüber. Einige von denen, versuchten sich dann auch während der Wendeereignisse an die Spitze der Bewegung zu setzen - und zwar mit dem Ziel, nun den wahren, den echten Sozialismus aufbauen zu wollen. Der Weg sei jetzt frei. Doch die Idee ließ sich nicht exhumieren. Sie war bereits zu Staub zerfallen.

Auch ich hatte in jenen Tagen der Illusion gehuldigt, die alte Idee sei zu neuem Leben zu erwecken. Bei einer der vielen Zusammenrottungen wendewilliger Massen in einer Chemnitzer Kirche war ich mit dabei und hatte ein Redemanuskript in der Tasche, in welchem ich die historische Chance begrüßte, nun endlich - befreit von den Fesseln der Parteiidiotie! - den Weg zu einem echten Sozialismus einschlagen zu können. Der Zettel blieb in der Tasche, weil mir der letztendlich vor Aufregung der Mut fehlte, mich nach vorn zu drängen und auf die Kanzel zu steigen. Das muss im Oktober 89 gewesen sein.

Im August dieses Jahres, als von den Montagsdemonstrationen noch nichts zu spüren war, obwohl sich Ausreisewille und Widerwille gegen den Staat und seiner konstituierenden Idee schon deutlich Bahn zu brechen begannen, waren von den Göttern der DDR-Philosophie - im Vorfeld des VII. Philosophie-Kongresses - die Thesen zum Kongress in der "Deutschen Zeitung für Philosophie" und sicher auch in anderen Parteiblättern veröffentlicht worden. Die Autoren waren - im Auftrag des Wissenschaftlichen Rates für Marxistisch-Leninistische Philosophie - Wolfgang Eichhorn I, Hans-Martin Gerlach, Erich Hahn (Leitung), Herbert Hörz, Alfred Kosing, Heinrich Opitz und Harald Schliwa ausgearbeitet. Bei der Vorbereitung haben mitgewirkt: Sieglinde Heppener, Helga E.Hörz, Ernst Luther, Reinhard Mocek, Frank Rupprecht, Hartwig Schmidt, Jürgen Schmollack, Gottfried Stiehler, Lothar Striebing und Karl-Heinz Thieme. Die Creme de la Creme!

Ich studierte seit zwei Jahren in Dresden Philosophie. Ein Fernstudiengang. Ich war seit 1983 freischaffend als Schriftsteller tätig und wollte mir mit diesem Studium noch einige Fundamente schaffen, um dem Marxismus Marke "DDR" - also dem Murx! - den endgültigen philosophischen Garaus zu machen. Meine zentralen Angriffspunkte waren die Führungsrolle der Arbeiterklasse, die sture Planwirtschaft sowie der Wirtschaftswachstumswahnsinn, den man vom Westen übernommen hatte. Ich war der Ansicht, dass anknüpfend an die Marxschen Gedanken die Intelligenz zur revolutionären Klasse geworden ist, weil sie mit den modernsten Produktivkräften umging und verbunden war. Die Arbeiterklasse hingegen sah ich als entmachtete und somit reaktionäre Klasse an.

Hinsichtlich der sozialistischen Planwirtschaft war ich der Meinung - wieder mit Marx im Bunde -, dass solange es noch Produktion mit Handmühlen und Dampfmaschinen, sprich Handwerk und kleine Industrie gibt, es eben auch den sich selbst regulierenden Markt geben müsse, der dem Entwicklungsstand dieser Wirtschaftsbereiche entspricht. Das war einfach der Umkehrschluss aus der Marxschen Erkenntnis, dass die Dampfmaschine eine Produktion mit Kapitalisten erheischt. Der dialektische Zusammenhang von Produktionsmitteln und Produktionsorganisation gilt immer!

Und zum Dritten sah ich - auch durch die Grüne Bewegung im Westen angeregt - die wachsende Divergenz zwischen ökonomischen Wachstum und ökologischer Vernunft und definierte den Begriff Fortschritt dahingehend neu, dass er nicht automatisch an technisch-ökonomisches Wachstum gekoppelt sei. Und noch einige kleinere Problemfelder in der offiziellen philosophischen Linie - speziell die Revolutionstheorie Lenins und die Rolle der Partei - hatte ich mir als Zielscheiben auserkoren. Da alles das, was ich da so zusammenpolemisierte, im Schreibtischkasten blieb, gab es keinerlei Probleme. Ich erregte keine Aufmerksamkeit. Bis auf das eine mal - 1978 -, da hatte ich ein Pamphlet über das geistige Eigentum und die daraus resultierende Rolle der Intelligenz aus dem Schreibtischkasten heraus genommen und an die Parteizeitschrift für wissenschaftlichen Sozialismus "Einheit" gesandt. Da erfuhr ich eine Reaktion positiver Natur.

Ich war in jenen Tagen noch als Technologe in einem Chemnitzer Baubetrieb angestellt und saß nichts ahnend mehr oder weniger produktiv an meinem Schreibtisch in der Verwaltungsbaracke. Durch das geöffnete Fenster sah ich, dass ein schwarzer PKW der Marke "Tatra" - eine Bonzenschleuder, wie man sagte - auf das Betriebsgelände fuhr und vor dem Gebäude der Betriebsleitung hielt. Dann klingelte mein Telefon und der Betriebsdirektor bat mich zu ihm. Ein Genosse aus Berlin sei gekommen und wolle mich sprechen.

Ich weiß nicht mehr, was ich dachte, aber mit Sicherheit war ich sehr verblüfft. Die Verblüffung dürfte sich noch gesteigert haben, als sich der Genosse aus Berlin als Redakteur der "Einheit" vorstellte. Er käme, um mit mir über meinen Artikel zu sprechen. Wir zogen uns in die Einsamkeit der Betriebskantine zurück, wo es wie immer nach Sauerkraut gerochen haben dürfte, und mir wurde auf sehr freundliche Art erläutert, wo das Problem bei meinem Artikel liegt. Letztmalig hätten sich einige Leute des Prager Frühlings 1968 mit dem Problem geistiges Eigentum und Intelligenz auseinandergesetzt und wären zu ähnlichen Schlussfolgerungen gekommen, wie ich. Das freute mich sehr. Der Redakteur sah sich allerdings sofort gezwungen, meine freudige Erregung zu dämpfen, ja, sie sogar im Keime zu ersticken. Er spreche - was er nachdrücklich betonte - ohne Zeugen und wolle mir reinen

Wein einschenken. Das Thema sei tabu. Weshalb? - fragte ich nach. Deshalb! - antwortete er mir.

Er ermunterte mich, trotzdem an dem Thema weiterzuarbeiten, nannte mir noch einige Textstellen, wo ich bei Marx und Lenin etwas zum Thema "Geistiges Eigentum" finden könne und verabschiedete sich freundlich.

Aber außer diesem Fall von erwiesener Aufmerksamkeit für meine Ergüsse, gab es keine weiteren. Die überarbeitete Fassung des Manuskriptes über die Intelligenz erhielt ich Monate später kommentarlos zurück. Und das ist natürlich bis auf den heutigen Tag so geblieben - also, das Aufmerksamkeitsdefizit wie auch die überwiegende Aufbewahrung der Manuskripte im Schreibtischkasten. Denn auch nach der Wende waren meine kämpferischen Manuskripte nicht erwünscht - nun gab es eine andere Philosophengötterschaft, die nicht bereit war, sich auf eine tiefschürfende Auseinandersetzung mit Fehlern des postmarxschen Marxismus herabzulassen. Marx war pauschal erledigt. Die DDR-Philosophie natürlich erst recht. Meine Bemühungen auch.

Und trotzdem tut mir die Mühe, der ich mich unterzogen hatte, nicht leid. Im Gegenteil bin ich nicht wenig stolz auf mich, dass es mir gelungen war - auch wenn die Öffentlichkeit bisher keine oder nur ganz wenig Notiz davon nahm - anders zu denken, als man zu denken hatte.

Den massivsten Angriff gegen die offizielle "Denke" zettelte ich dann im Vorfeld des oben erwähnten Philosophiekongresses, der für die Zeit vom 1.-3. November anberaumt worden war, an. Ich verfasste gegen die offiziellen Thesen zum VII. Kongress sechsundzwanzig Antithesen. Die schickte ich nach Berlin und erhielt daraufhin eine offizielle Einladung zur Teilnahme am Kongress. Unterzeichnet von Professor Hahn persönlich. Ein Wunder!

Wissenschaftlicher Rat
für Marxistisch-Leninistische
Philosophie

1080 Berlin
Johannes-Dieckmann-Straße 19–23
Telefon: 20 56 App. 498

Wissenschaftlicher Rat für Marxistisch-Leninistische Philosophie
1080 Berlin, Johannes-Dieckmann-Straße 19–23

Gen. Stephan Dettmeyer
Richard-Wagner-Str. 1
Karl-Marx-Stadt

9044

Ihre Zeichen	Ihre Nachricht vom	Unsere Zeichen	Datum
		Ri/Bü	2. 10. 1989

Werter Genosse Dettmeyer!

Über die Redaktion der Deutschen Zeitschrift fürPhilosophie
erhielten wir als Veranstalter des VII. Philosophie-Kongresses
der DDR ihre "Alternativen Thesen". Angesichts der Tatsache, daß Sie
sich als "Nicht-Berufsphilosophie" Gedanken zu auch uns bewegenden
Fragen gemacht haben, schlage ich Ihnen vor, sich an der Diskussion
in einem der Arbeitskreise des Kongresses zu beteiligen. Die Schwer-
punkte der Beratung in den Arbeitskreisen sind in der Deutschen
Zeitschrift für Philosophie, Heft 5/89, veröffentlicht. Ich bitte
Sie, Ihren Wunsch hinsichtlich des Arbeitskreises auf der Rückmeldung
der beiliegenden Einladung zu vermerken.

Mit sozialistischem Gruß

Prof. Dr. Erich Hahn
Vorsitzender

Anlage
Kongreß-Einladung Nr. 742

Ag 226/46/91

Die Kongresshalle am Alexander-Platz, wo der Kongress drei Tage tagte... nein, getanzt wurde nicht! - war bis auf den letzten Platz gefüllt mit diplomierten, promovierten, habilitierten und zu Professoren berufenen Berufs-Philosophen. Gut zweitausend! Im Präsidium die unfehlbaren Stellvertreter von Marx-Engels-Lenin auf Erden. Und irgendwo in Reihe 23 saß ich - ein Fernstudent im zweiten Jahr.

Auf den Gängen und im Foyer traf ich natürlich auch Dozenten und Professoren der Dresdener Uni, bei denen ich noch kürzlich in der Vorlesung oder im Seminar gesessen hatte. Außer verwunderten Blicken und einem kurzen Nicken zum Zeichen, dass man mich von irgendwo zu kennen glaubte, gab es aber keine Reaktionen. Was will denn der hier? Fragen stellte mir aber keiner, weshalb ich leider auch nicht antworten konnte, dass ich Antithesen verfasst hatte.

Am liebsten wäre ich mit einem Transparent oder einem T-Shirt herumzulaufen, worauf ich zur allseitigen Information hätte meine Tat verkünden können: Hütete Euch! Ich habe 26 Antithesen verfasst! Deshalb bin ich hier!

Eine Chance gab es noch, allen kundzutun, wer ich war. Nach den Hauptreferaten sollte es die Möglichkeit geben, sich zu Wort melden zu dürfen. Ohne Voranmeldung. Einfach spontan. Ein Hauch von Basisdemokratie. Ein Ruch von Perestroika. Und ich hatte wieder ein Manuskript in der Tasche. Dort stand drinnen, dass die gesamte auf dem Kongress versammelte Sippschaft von Philosophen sich in den vergangenen Jahren zu Hure der Politik gemacht hatte. Dass man sich nicht Marxist nennen dürfe, weil der Marxismus von Marx niemals als eine Religion gedacht gewesen war.

So was stand messerscharf und ätzend in dem Manuskript in meiner Tasche.

Aber mein Mut reichte nicht zur Wortmeldung. So haben zirka zweitausend hoch bezahlte Berufsphilosophen der ehemaligen DDR nie erfahren, dass es einen Amateur gegeben hat, der 26 Antithesen zu den Thesen des Kongresses formuliert und damit die herrschenden Dogmas der DDR-Philosophie ad absurdum führte.

Veröffentlicht wurde dann im Nachgang zum Kongress - da war die Mauer schon weg - mein Diskussionsbeitrag über "Fortschritt in neuer Dimension", den ich im Rahmen der Arbeitsgruppe, der ich zugeteilt war, aus Zeitgründen verzichtet hatte zu halten.

Ich schämte mich meiner Feigheit und begriff erst später, dass ich eine historische Chance verpasst hatte.

Ich hätte während des Kongresses einen echten Eklat auslösen können.

Eine gewisse Befriedigung fand ich dann einige Tage nach dem Kongress, als ich meine Anwürfe gegen die etablierte Philosophenschar der ehemaligen DDR hatte veröffentlichen können - von wegen Huren der Politik! - und der entsprechende Zeitungsausschnitt ans Schwarze Brett im Dresdner Institut genagelt worden war. Nicht von mir!

Es gab einen kleinen Eklat. Letztlich ein schwacher Ersatz für den, den ich verabsäumt hatte, auszulösen.

Die Philosophen kündigten nicht ihre Jobs - weder die in Berlin, noch die in Dresden -, sie dozierten weiter, als sei nichts gewesen. Sie versuchten lediglich gelegentlich in ihre Vorlesungen und Seminaren den Hinweis einfließen zu lassen, wann und wo sie in den letzten Jahren bereits anders gedacht hatten, als sie sagen durften. Und wann sie gerüffelt worden waren. Ich möchte nicht wissen, wie viele sich vom Täter zum Opfer zu mausern versuchten. Jedenfalls ein bisschen!

Und sie hatten ja auch auf dem Kongress selbstkritisch eingeschätzt, zu stark als Magd der Politik gedient zu haben. Man hatte reuig das Haupt für zwei Minuten gesenkt.

Es war wie überall im Lande - in den Schulen, in den Betrieben... eigentlich war man ja schon immer dagegen gewesen!

Nur die Stasileute und Parteibonzen ab Bezirksleitungsebene konnten sich nur schwer herausreden. Doch auch dort gab es solche wie den Genossen Schabowski, der schon immer gesagt hatte, dass man das Politbüro auflösen solle. Der Begriff "Wendehals" wurde häufig benutzt. In Bezug auf die anderen.

Erst in den Folgemonaten, als ich mein Studium bereits abgebrochen hatte, begann von außen die Auflösung der Strukturen der Philosophiebereiche an den Universitäten, Hoch- und Fachschulen. Die meisten Professoren und Dozenten gingen in Rente. Aber Näheres dazu weiß ich nicht.

Einem meiner ehemaligen Dozenten bin ich zwei drei Jahre später bei den Freidenkern begegnet. Einer zu DDR-Zeiten in der Vorwendezeit ins Leben gerufenen Bewegung, mit der man wohl oppositionelles Denken lenken und kontrollieren wollte. Aber Freidenken war zu DDR-Zeiten ein Witz, weil unmöglich - jedenfalls laut! - und nach der Wende höchst überflüssig, weil Freidenken - laut oder leise - jedem erlaubt ist. Was ich allerdings auch nicht für sehr begrüßenswert halte.

Nun, ich habe in den letzten Jahren meine Denkfreiheit weidlich genutzt, aber was nutzt das Denken, wenn man keine Mehrheit kriegt für das, was man denkt? Und wie soll man die kriegen, wenn man das, was man denkt, gar nicht verbreiten kann?

Man erreicht doch sowieso immer nur die, die sowieso das Gleiche denken. Wenn man etwas denkt, was keiner denkt, hat man Pech! Das veröffentlicht keiner und das würde auch keiner lesen. Der intellektuelle Austausch zwischen unterschiedlichen Denkarten nimmt immer mehr ab. In früheren Zeiten gab es wenigstens Zensoren oder die Stasi-Leute, die alles lesen mussten - und die manchmal sogar Reaktionen zeigten.

Mai 2009

Antithesen zum VII. Philosophie Kongress der DDR

Im Vorfeld des VII. Philosophie-Kongresses der DDR erschienen in der "Deutschen Zeitschrift für Philosophie" (DZfPh 7/1989 S. 577-600) die offiziellen Thesen zum Kongress.

DEUTSCHE ZEITSCHRIFT FÜR PHILOSOPHIE

37. Jahrgang · 1989 · Heft 7   ISSN 0012-1045

Die Dialektik von wissenschaftlich-technischer Revolution und Menschheitsfortschritt in unserer Epoche

Standpunkte und Probleme*
(Zum VII. Philosophie-Kongreß der DDR)

Die Frage nach dem Fortschritt stellt sich in der gegenwärtigen Situation mit nie dagewesener Schärfe. Das 20. Jahrhundert hat Fortschrittsprozesse hervorgebracht, die hinsichtlich ihrer historischen Intensität, ihrer Gründlichkeit und ihres Tempos beispiellos sind. Zugleich haben sich Bedingungen herausgebildet, die nicht nur jeglichen weiteren Fortschritt der menschlichen Gattung, sondern deren Fortexistenz in Frage stellen. Die Philosophie ist herausgefordert, Stellung zu beziehen und drängende Fragen zu beantworten.

* Vorliegender Beitrag wurde im Auftrag des Wissenschaftlichen Rates für Marxistisch-Leninistische Philosophie von Wolfgang Eichhorn I, Hans-Martin Gerlach, Erich Hahn (Leitung), Herbert Hörz, Alfred Kosing, Heinrich Opitz und Harald Schliwa ausgearbeitet. Bei der Vorbereitung haben mitgewirkt: Sieglinde Heppener, Helga E. Hörz, Ernst Luther, Reinhard Mocek, Frank Rupprecht, Hartwig Schmidt, Jürgen Schmollack, Gottfried Stiehler, Lothar Striebing und Karl-Heinz Thieme.

Im August 1989 schrieb ich einen Gegenentwurf und schickte dieses Manuskript an die DZFPh. Daraufhin erhielt ich von Professor Hahn eine Einladung als offizieller Teilnehmer am Kongress. Hier der Wortlaut meiner Antithesen:

Vorangestellt:

Der Mensch, sobald er die Reife erlangt, selbst denken zu können, glaubt sich als Individuum in beständiger Entwicklung und Vervollkommnung befindlich, bis er eines Tages in Höhe der Mitte seines Lebens mit Schrecken erkennt, dass das Leben die Momente des Verfalls in sich einschließt. Leben heißt sterben, so lautet der Grundwiderspruch organischer Entwicklung.

Friedrich Engels zitiert Goethe: "...alles, was entsteht, ist wert, dass es zugrunde geht." (in "Dialektik der Natur", Dietz 1975, S.24). Und er bezog dies nicht nur auf das einzelne Individuum, sondern auf die Menschheit. Dabei sah Engels als Ursache des Zugrundegehens der Menschheit eine äußere - die Erkaltung des Sonnensystems. Aber auch innere Ursachen - beispielsweise die Erschöpfung des genetischen Materials (die bei pflanzlichen und tierischen Populationen vielfach zu beobachten ist) oder eine selbstverschuldete Katastrophe (Atomkrieg, ökologischer Kollaps...) sind denkbare Endstationen der Existenz der Menschheit.

Die Vorstellung von der Unsterblichkeit - von der individuellen wie von der sozialen - ist und bleibt eine Utopie. So wie das Individuum im Bewusstsein der Endlichkeit des Daseins sein Leben sinnvoll gestalten und mit Würde alt werden sollte, so scheint es notwendig, dass die Menschheit sich in die Endlichkeit ihrer Existenz schickt und daraus die Einsicht schöpft, diese endliche, ständig gefährdete Existenz letztlich auch nur zu einem würdigen und erfüllten Ende führen zu können. Die Hoffnung auf eine intelligente, außerirdische Nachwelt, welcher die Menschheit Erfahrungen hinterlassen könnte, ist in diesem Zusammenhang und angesichts der Dimensionen des Alls eine berechtigte Hoffnung.

Für die gegenwärtige Phase der Menschheitsentwicklung, da speziell die Gefahr des Zugrundegehens der Menschheit infolge menschlicher Unvernunft wächst, ist es dringend erforderlich, den Gedanken der Selbstverantwortung zu propagieren. So wie sich das Individuum der Verantwortung für seine Lebensführung nicht entziehen darf, so darf sich die Menschheit der ihren nicht entziehen. Die Menschheit muss sich als geschlossenes organisches System, welches in Wechselwirkung zu anderen natürlichen Systemen steht, in seiner Endlichkeit begreifen und entsprechend handeln lernen.

Die Philosophie hat die Aufgabe, dieses Begreifen zu befördern, das Handeln zu motivieren, sich den erbarmungslosen Grundfragen des menschlichen Seins und Nichtseins zu stellen.

I

Zu 1.

Das wichtigste Entwicklungsprodukt der Epoche ist das verstärkte Auftreten der sozialen Produktionsweise, die erstmals nach der Oktoberevolution in Rußland zur Grundlage eines nationalen bzw. multinationalen Wirtschaftssystems wurde. Quantitativ ist der Charakter der Epoche von der kapitalistischen Produktionsweise geprägt, die mit der wissenschaftlich-technischen Revolution dem Höhe- und Endpunkt der ihr innewohnenden Potenzen der Produktivkraftentwicklung zustrebt; also jene Produktivkräfte hervorbringt, die den verstärkten Übergang zu sozialistischen Produktionsverhältnissen notwendig machen.

Während sich im Bereich der kapitalistischen Produktionsweise die vorhandenen moralischen, sozialen und natürlichen Verfallserscheinungen im Gleichlauf mit der stürmischen Entwicklung der Produktionstechnik und Technologie verstärken, haben sich im Bereich der sozialistischen Produktionsweise Ansätze sozialer Vernunft und moralischen Handelns herauskristallisiert, die objektiv beweisen, dass die qualitative und quantitative Entwicklung sozialer Produktionsweisen als Basis für das Zusammenleben der Menschen auf einem höheren, weil humanerem Niveau, für die Menschheit erstrebenswert ist und der Menschheit ein würdiges Altern bieten kann.

Die mehr oder minder administrative Durchsetzung einer sozialen Produktionsweise kann allerdings nicht automatisch und sofort soziale Verhaltensweisen hervorrufen. Die Dialektik von Sein und Bewusstsein, von Erfahrung und Erkenntnis ist beim Aufbau sozialistischer Gesellschaftsordnungen nicht außer Kraft gesetzt. Kein bewusstes soziales Handeln ist ohne die gesicherte Erfahrung des individuellen Vorteils infolge sozialen Handelns auf längere Frist denkbar. Die ökonomischen Potenzen der sozialen Produktionsweise können sich nur im Gleichlauf mit der Erkenntnis der Individuen von der Nützlichkeit einer sozialen Produktionsweise entfalten.

In der Welt der Gegenwart scheint die Überzeugung von der humanen Wertsubstanz der sozialen Produktionsweise zu stagnieren. In allen zivilisierten Staaten existieren (wie auch global) verschiedene Produktionsweisen nebeneinander - feudalistische, kapitalistische, sozialistische oder gar steinzeitliche. Die jeweiligen quantitativen Verhältnisse der Produktionsweisen konstituieren und prägen den Überbau, die Ordnungs- und Bewegungsprinzipien einer Gesellschaft (eines Staates). Die quantitativen Verhältnisse der Produktionsweisen sind ihrerseits durch die vorhandenen Produktivkräfte determiniert.

Karl Marx schrieb: "Die Handmühle ergibt eine Gesellschaft mit Feudalherren, die Dampfmühle eine Gesellschaft mit industriellen Kapitalisten." (in K. Marx "Das Elend der Philosophie", MEW Bd. 4, S. 130)

Diesen bildhaften Gedanken fortsetzend wäre erstens zu sagen: Der Computer (die Denkmaschine) ergibt eine Gesellschaft mit sozialem Eigentum an Produktionsmitteln.

Und zweitens (diese Aussage wird zumeist vergessen): Solange es Handmühlen gibt, wird es eine Produktion geben, die Feudalherren möglich macht; solange es Dampfmühlen gibt, kann es industrielle Kapitalisten geben - etc.; bzw. Handmühlen lassen sich optimal unter feudaler Organisationsform und Dampfmühlen unter kapitalistischer betreiben!

Der dialektische Zusammenhang von Produktivkräften (Technik plus Technologie) und Produktionsverhältnissen gilt immer. Er ist unabhängig davon, welche konkreten Überbaustrukturen - auf Basis der quantitativ herrschenden Produktionsverhältnisse - entstanden sind. Um es in der Marxschen Diktion zu formulieren: Zwei oder drei computergesteuerte Fertigungsstätten ergeben noch keinen Sozialismus!

Die Dialektik von Quantität und Qualität in der Produktivkraftentwicklung, die Frage des Umschlagens von Quantität in eine neue Qualität sowie das Prinzip der Negation der Negation - das Aufheben alter Methoden in doppeltem Sinne (aufheben im Sinne von ablösen und aufheben im Sinne von bewahren unter neuen Rahmenbedingungen) - muss in die Problematik des Übergangs von einer Produktionsweise zur anderen stärker ihren theoretischen und praktischen Niederschlag in der Politik finden. Ohne die dialektische Betrachtung sind gegenwärtige Prozesse der scheinbaren Rückkehr zu kapitalistischen und feudalen Produktionsmethoden und Strukturen in den Ländern des Sozialismus nicht als ein historisch notwendiger Prozess begreifbar.

Zu 2.

Der Begriff des Fortschritts ist und bleibt problematisch, da der Maßstab, an welchem Fortschritt konkret gemessen werden kann, umstritten ist. Freiheitsgewinn als Kriterium für Fortschritt scheint möglich und handhabbar. Geht man allerdings von der Endlichkeit der menschlichen Existenz aus, erscheint die Frage nach Fortschritt an sich - von Niederem zu Höherem - sinnlos.

In der organischen Evolution ist grundsätzlich eine Entwicklung hin zu komplizierten biologischen und sozialen Strukturen erkennbar. Ein Reptil wird aber deshalb nicht als ein weniger fortschrittliches Wesen als ein Säugetier betrachtet. Nur weil letzteres Wesen eine spätere Entwicklung ist, weil es komplizierter strukturiert ist, stellt es keine Höherentwicklung gegenüber einem Kriechtier dar. Jede Kreatur besitzt das gleiche Daseinsrecht; das gleiche Daseinsniveau. Hingegen auf den Mensch bezogen, auf die Nützlichkeit der jeweiligen Kreatur für den Menschen, ist die Antwort einfach. Der Grad der Nützlichkeit für die menschliche Existenz bestimmt die Bewertung. Für die Entwicklung der Menschheit ist kein anderer Maßstab gegeben als die Menschheit selbst. Und da alle Phasen der menschlichen Evolution - biologisch und sozial - notwendig sind, nicht übersprungen werden können, liegt Fortschritt nicht in der Evolution an sich, sondern nur in der Bewältigung und Gestaltung des jeweiligen Entwicklungsstadiums in humanen Sinne. Was nützt eine bestimmte Produktionsweise, wenn die Menschen zu Millionen ihrer Existenzgrundlagen beraubt werden?

Humane Ausgestaltung einer sozial-ökonomischen Entwicklungsetappe zum Wohl und Nutzen (zum Freiheitsgewinn) aller Beteiligten - darin beweist sich Fortschritt. Es gibt also keinen ewigen Fortschritt der Menschheit, sondern er muss ständig neu errungen werden. Die sozialistische Produktionsweise ist nicht automatisch die fortschrittlichere, weil sie das Entwicklungsprodukt der vorangegangenen ist. Fortschritt muss sozial qualitativ und quantitativ in jeder historischen Phase sich beweisen und erkämpft werden. Die Potenz für den Fortschritt, für humane Gestaltung der Lebensprozesse, steckt in jeder Produktionsweise.

Wenn doch von einer allgemeinen Fortschrittstendenz gesprochen werden kann, dann im Sinne von steigender Potenz sozialer Gestaltung, von größerer Chance für Fortschritt in den sich ablösenden Gesellschaftsformationen. Diese Aussage müsste allerdings noch durch genaue Analysen untersetzt werden. Oberflächlich gesehen könnte man auch zur entgegen gesetzten Aussage neigen: Mit jeder neuen Formation steigt die Potenz zur Vernichtung und Unterdrückung von Menschen!

Für die Geschichtsforschung liegt eine interessante Aufgabe darin, genauer zu untersuchen, in welchem Maß und in welchem Umfang frühere Produktionsweisen fortschrittlich bzw. rückschrittlich (ihre Potenzen ausschöpfend bzw. unterschreitend) gestaltet wurden. Die humanen Potenzen einer sozialen Produktionsweise, die zum Kommunismus führen soll, scheinen sehr groß. Die Chance für Fortschritt scheint einer entwickelten sozialen Produktionsweise wesenseigen zu sein.

Zu 3.
Natürliche Entwicklungen verlaufen nicht frontal auf breiter Ebene. Der dialektische Prozess, in welchem einzelne Entwicklungsprodukte vom Besonderen über die quantitativen Änderungen zum Allgemeinen aufsteigen, der Prozess des Entstehens und Vergehens, der Prozess der Selektion ist um so komplizierter, je stärker die soziale Vernetzung der Einzelwesen der jeweiligen Population vorangeschritten ist. Insgesamt kann Entwicklung sinnbildlich als ein oberflächlich sehr unregelmäßiger Kegel gedacht werden, der mit der Spitze voran sich zeitlich-räumlich in wechselnder Richtung bewegt und an seiner Basis abgestorbene Segmente abwirft. Keine Formation, keine biologische oder soziale Entwicklungsetappe geht geschlossen in die neue über. So wie es die verschiedenen Gesellschaftsformationen auf der Erde nebeneinander gibt, so gibt es die Formationen auch innerhalb einer Gesellschaft (eines Staatengebildes), nur dass sie hier subsumiert sind unter einem Überbau, der von der herrschenden Formation, der herrschenden Produktionsweise, geprägt ist. Diese Herrschaft kann auf Basis wirklicher quantitativer Überlegenheit oder auf qualitativer Diktatur beruhen.
Von entscheidender Bedeutung für die Erhaltung des Friedens in der Welt ist in diesem Zusammenhang die Anerkennung der Existenzberechtigung der ver-

schiedenen Formationen nebeneinander, ineinander, miteinander!

Zu 4.

Ausgehend von den Erfahrungen, die die Menschheit mit dem Kolonialismus und Neokolonialismus (kapitalistischer wie auch sozialistischer Prägung) gemacht hat, muss das Recht zur unabhängigen Entwicklung eines jeden Volkes, jeder Nation zum Grundrecht des Miteinanders der menschlichen Gesellschaftssysteme werden. Dabei muss unabhängige Entwicklung nicht Isolierung bedeuten; dabei kann und muss es kulturelle und ökonomische Beziehungen zwischen allen Systemen geben, die die jeweiligen eigenständigen Entwicklungen durchaus beschleunigen können; dabei kann es auch eine globale Regelung der Anwendung von internationaler Gewalt geben, um gewaltsame Versuche der Einmischung einzelner Mächte in Entwicklungen anderer Systeme zu verhindern. Grundsätzlich muss aber die eigengesetzliche Entwicklung - einschließlich bestimmter Fehlentwicklungen - jedes Volkes und seine Potenz, die Gestaltung des Lebens intern letztlich doch bewältigen zu können, akzeptiert werden.
Unter diesem Aspekt gilt es für die Länder der heutigen so genannten "3. Welt", nach solchen Wegen zu suchen, die in eine unabhängige Entwicklung münden können. Den mächtigen Gesellschaften muss klar gemacht werden, dass sie diese Länder (Schwellenländern, Entwicklungsländern etc.) allein ihren Weg finden lassen müssen. Die vielfältigen finanz-ökonomischen, militärischen und politischen

Abhängigkeiten haben viele Völker und Nationen entmündigt und sie der Potenz eigener Gestaltung der Lebensprozesse beraubt. An dieser Aufgabe, den Ländern die Zeit und die Geduld zu leihen, sich selbst zu finden, die auch eine Aufgabe für die Aufrechterhaltung der Existenzbedingungen der gesamten Menschheit ist, könnte sich die gewachsene Humankraft, der erreichte Fortschritt der Menschheit beweisen und weiterentwickeln.

Zu 5.

"Die marxistische Konzeption, derzufolge die Entwicklung der modernen Produktivkräfte eine durch die Arbeiterklasse geführte sozialistische Umgestaltung der Produktionsverhältnisse wie des Überbaues notwendig macht", (DZfPh 7/89, S.591) muss einer kritischen Analyse unterzogen werden.

A- Die Entwicklung der modernen Produktivkräfte erfolgt nicht unter Führung der Arbeiterklasse, sondern unter Führung der technischen und politischen Intelligenz im Interesse aller Mitglieder der Gesellschaft.

B- Die Entwicklung der modernen Produktivkräfte vollzieht sich auch unter kapitalistischen Produktionsverhältnissen (gegenwärtig in wesentlich höherem Tempo als unter sozialistischen Produktionsverhältnissen). Es sind nicht die Produktionsverhältnisse, die den Produktivkräften voraneilen, sondern die Produktivkräfte sind es, die neue Produktionsverhältnisse konstituieren. Es gilt also, unter sozialistischen Produktionsverhältnissen

Triebkräfte freizusetzen, die die Entwicklung der Produktivkräfte stimulieren.

C-   Die mit der Entwicklung der modernen Produktivkräfte entstehenden Destruktivkräfte (jede neue Produktivkraft, die die Menschheit hervorbrachte, war immer zugleich und zuerst Destruktivkraft, z.B. Dynamit oder Atomkraft...) stehen nicht unter der Verfügungsgewalt der Arbeiterklasse. Die gesamten fortschrittlichen (humanen) Kräfte der Völker müssen ihre Bemühungen um Einfluss auf die Verwendung der modernen Kräfte verstärken, damit diese als Produktiv- und nicht als Destruktivkräfte Verwendung finden.

D-   Die Überbauverhältnisse werden wesentlich durch zwei Grundarten der Machtausübung geprägt: Demokratie oder Diktatur!

Die Übergangsformen zwischen beiden sind mannigfaltig. Diktatur ist eine objektive Folge der Nichtübereinstimmung der Produktionsverhältnisse mit dem Entwicklungsniveau der Produktivkräfte. Demokratie wird möglich, wenn die Produktionsverhältnisse den Produktivkräften annähernd entsprechen, sie befördern und nicht behindern.

E-   Im Widerspruch von kapitalistischer und sozialistischer Produktionsweise liegt die entscheidende Triebkraft der Menschheitsentwicklung in der gegenwärtigen Epoche. Das Hervorheben der positiven Wirkung des Widerspruches, das Bewusstmachen der Notwendigkeit gegensätzlicher Momente für Entwicklungen jeglicher Art, die im Kampf eine Einheit darstellen. muss zur Verbindung des Strebens nach Alleinherrschaft und Unterwerfung der anderen Seite stärker genutzt werden. Nicht friedliche Koexistenz, sondern kampferfüllter Frieden!

Zu 6.

Infolge der wissenschaftlich-technischen Revolution und der Entwicklung globaler Kommunikationssysteme, infolge globaler ökologischer Probleme. infolge globaler ökonomischer, künstlerischer, juristischer u.a. Beziehungen wächst objektiv die Erfahrung, dass die Menschheit nicht in Einzelgruppen, sondern nur als Ganzes fortexistieren kann. Diese Erfahrung, untersetzt durch neue philosophische Einsichten zu den Fragen des Miteinanders in der Welt, wird die Entwicklung einer globalen Friedensordnung möglich machen. Zur Beschleunigung dieser objektiven Entwicklung in Richtung einer globalen Friedensordnung könnte der ideologische Kampf gegen Nationalismus und Chauvinismus jeglicher Färbung beitragen.

Zu 7.

Die verschiedenen Interessen von Klassen und Gruppen resultieren aus den jeweiligen objektiven Verhältnissen in denen sie leben. Angelehnt an Marx kann formuliert werden:

Es sind nicht die Interessen, die verschiedene Menschen zu Klassen formieren, sondern die Klassenlage, die Lebenssituation der Menschen formiert die Interessen.

Das Interesse der Kapitalisten am Profit ist also primär objektiv und durchaus im Gesamtinteresse der

Menschheitsentwicklung. Der Umschlag von Klasseninteressen aus dem Stadium progressiver Wirkung in Reaktion bedeutet zugleich ein Zurückdrängen der allgemeinmenschlichen Interessen gegenüber den Klasseninteressen. Die "bösartigen Wucherungen" von Klasseninteressen sind historisch stets in den Niedergangsphasen der mit der jeweiligen Klasse verbundenen Produktionsverhältnisse verbunden. Sie haben ihre Wurzeln im Versuch, die macht einer Klasse aufrecht zu erhalten, deren Abdankung durch objektive Entwicklungen der Produktivkräfte auf der Tagesordnung steht. Im Sinne menschheitlichen Fortschrittes, im Sinne humaner Bewältigung der Entwicklungswidersprüche, gilt es, das Menschheitsinteresse als übergreifendes Moment zu begreifen. Die Bereitschaft zur Unterordnung von Klasseninteressen (oder anderer Einzelinteressen) unter das Menschheitsinteresse ist ein Kriterium für fortschrittliches oder reaktionäres Wesen einer Klasse.

II

Zu 8.

"Die Wissenschaftlich-technische Revolution führt seit Mitte unseres Jahrhunderts vor allem in den industriell entwickelten Ländern zu einer grundlegenden Umwälzung der Produktivkräfte."
Diese Feststellung muss allerdings in dreierlei Hinsicht eingeschränkt bzw. präzisiert werden.

A - Diese Umwälzung erscheint als Umwälzung der bisherigen Produktivkräfte den qualitativ neuartigen, nämlich mechanisierten und automatisierten Einsatz geistiger Produktivkräfte (Wissenschaft, Technologie u.a.), sowie durch die damit verbundene veränderte Stellung einer bestimmten Menge von Arbeitern zu den gegenständlichen Produktivkräften. Arbeiter treten physisch aus dem unmittelbaren Produktionsprozess heraus, bereiten ihn nur noch vor und überwachen ihn.

B - Diese Umwälzung findet nicht allgemeinhin "im Produktionsprozess", sondern vorwiegend in jenen Produktionsprozessen statt, in denen Güter des Massenbedarfes industriell hergestellt werden. Und sie erfasst tatsächlich auch dort nur einen verhältnismäßig geringen Prozentsatz der Arbeiter. Die Zahl der faktisch an der unmittelbaren Produktion Beteiligten sinkt durch den Einsatz moderner Informationsverarbeitungssysteme. Die aus dem unmittelbaren Produktionsprozess freigesetzten Arbeiter gehen mehrheitlich in die Bereiche der Produktionsvorbereitung, Planung, Reparatur, Verwaltung, Dienstleistung u.a. über.

C - Es gibt viele Produktionsprozesse - Landwirtschaft, Bauwesen, Kunst, Handwerk u.a. -, wo diese Umwälzung der Stellung der Menschen zu den gegenständlichen Produktivkräften nicht stattfinden kann, weil die konkreten Produktionsgegenstände das physische Heraustreten des Menschen nicht möglich, bzw. nicht nutzbringend notwendig machen. Die Visionen von einer vollautomatisierten Landwirtschaft zum Beispiel, in der der Mensch nur noch per Computer steuert und regelt, haben sich überlebt.

Anderseits werden in den nicht unmittelbar produktiven Bereichen - Bildung, Medizin, Staatsapparat etc. - die technischen Errungenschaften der wissenschaftlich-technischen Revolution mehr und mehr Einzug halten und zur Vergesellschaftung von Informationen, ja von Wissen und Wissenschaft beitragen, und damit Entscheidungsprozesse rationalisieren und demokratisieren.

Es ist also weniger die Umwälzung im unmittelbaren Produktionsprozess bei den materiellen Massenbedarfsgütern, die eine "quantitative Gewalt" zur Veränderung der Produktionsverhältnisse entwickelt (immer weniger Menschen sind im unmittelbaren Produktionsprozess integriert!), sondern die allgemeine Vergesellschaftung des Wissens (der Informationen), die in allen Sphären des gesellschaftlichen Lebens vor sich geht, wird der sozialen Produktionsweise zum Sieg verhelfen.

Zu 9.

Die Einführung moderner Schlüsseltechnologien macht einen potenzierten Produktionsausstoß möglich, was zwangsläufig einen potenzierten Verbrauch natürlicher Ressourcen (Bodenschätze, landwirtschaftliche Rohstoffe u.a.) bedeuten würde. Es muss planvoll verhindert werden, dass die Menschheit mit den möglich werdenden Produktionssteigerungen (infolge neuer Technologien und Verfahren) ihre natürliche Umwelt auslaugt und ruiniert. Neueste Erkenntnisse in der Biologie und Gentechnik bringen nicht nur diese Gefahr der Umweltvernutzung mit sich, sondern auch die Gefahr der genetischen Selbstverstümmelung der Menschheit zum Zweck der Erzeugung idealer Kreativlinge für eine noch effektivere Produktion.

Ein weiterer Gefahrenkomplex entsteht für die Menschheit infolge der Übertragung geistiger Tätigkeiten an elektronische Geräte - an Denkzeuge!

Dieser Trend führt schon heute in einigen Bereichen des gesellschaftlichen Produktionsprozesses zu schöpferischer Trägheit der Menschen. Die Routinehandlungen, die dem Menschen abgenommen werden, fehlen ihm in Wahrheit als unentbehrliches Moment für den kreativen Prozess. Ohne die Basis der zur Routine gewordenen Denkprozesse ist es nicht möglich, über die Routineebene hinaus zu denken. Ohne das Boot der Routine muss man immer wieder strampeln und schwimmen, um nicht unterzugehen. Das kostet die Kraft für den kreativen Prozess.

Weitere Gefährdungen für die Menschheit zeichnen sich ab. Der Mensch muss lernen, die Errungenschaften der wissenschaftlich-technischen Revolution in Lebensqualität umzusetzen - in echten Fortschritt! Das wird ein langer Lernprozess sein, der den ewig alten Verlauf aller Lernprozesse aufweisen wird: Aus Schaden wird man klug!

Diese Schäden in Grenzen zu halten, bzw. vor diesen Schädigungen rechtzeitig zu warnen, ist eine der Aufgaben der Philosophie.

Zu 10.

Die wissenschaftlich-technische Revolution ist kein Phänomen, welches entscheidend mit einer neuen Stellung des Menschen zur Technik zu charakterisieren ist. Die Technik wird wie seit eh und je zur Potenzierung der eigenen Kräfte (physische und psychische) eingesetzt. Im Rahmen der wissenschaftlich-technischen Revolution werden lediglich verstärkt technische Mittel zur Rationalisierung der geistigen Tätigkeiten entwickelt und in den Produktionsprozess integriert. Dass diese "intelligente" Technik es in bestimmten Industriezweigen dem Menschen ermöglicht, physisch aus dem Produktionsprozess herauszutreten, ändert seine grundsätzliche Stellung zur Technik nicht. Der wirklich revolutionierende Kernprozess der so genannten wissenschaftlich-technischen Revolution ist also weder mit der neuen Stellung des Menschen zur Technik, noch durch die veränderte Stellung der Menschen im Produktionsprozess charakterisiert, sondern durch die

Vergesellschaftung der geistigen Tätigkeit. Durch die Vergesellschaftung des gesamten geistigen Reproduktionsprozesses - von der Wissensproduktion, über Distribution, Zirkulation und Konsumtion!

Die Vergesellschaftung wirkt natürlich auf die Entwicklung der elektronischen Informationstransport- und Bearbeitungsgeräte zurück, die ihrerseits wieder den Vergesellschaftungsprozess beschleunigen. Oder nicht! Dialektik!

Zu 11.

Wenn man von wissenschaftlich-technischer Entwicklung spricht, sollte nicht zugleich von Fortschritt gesprochen werden. Wissenschaftlich-technische Entwicklung kann nur dann als Fortschrittgelten, wenn sie dazu beiträgt, soziale Beziehungen auszuprägen, die ein moralisch-humanes Dasein einer wachsenden Menge von Individuen ermöglicht. Die gegenwärtige Tendenz auf der Erde, das Anwachsen von Überfluss und Parasitismus infolge wissenschaftlich-technischer Entwicklungen auf der einen Seite und die steigenden Zahlen der Hungertoden und Armen auf der anderen Seite, sollte zur Vorsicht beim Umgang mit dem Begriff Fortschritt gemahnen.

Die Fortschrittspotenz der wissenschaftlich-technischen Entwicklungen steht damit nicht zur Disposition, aber der Blickwinkel für die Bewertung der Wirkungen der wissenschaftlich-technischen Entwicklungen muss global geweitet sein. Das Gefühl der Mitverantwortung für alle globalen Erscheinungen, das Gefühl der Solidarität ist eine ethische Kategorie, die zur Grundlage menschheitlichen Handelns werden muss. Es muss der menschheitlichen Vernunft gelingen, durch bewusstes Vordenken existentielle Bedrohungen zu erahnen und präventive Solidarität zu üben. Für diese Aufgabe besitzen die globalen Informationsnetze entscheidende Bedeutung. Auch die Bedeutung der Verbreitung von Kunst, die Mitverantwortung und Solidarität durch ihre emotionalen Signale wecken kann, darf nicht unterschätzt werden. Vielleicht liegt für Fortschritt sogar ein Hauptmoment der wissenschaftlich-technischen Entwicklung in der Möglichkeit, Kunst in neuen Dimensionen verbreiten und vergesellschaften zu können. Kunst, als Transportmittel humaner Werte und Erfahrungen; Kunst als an humanen Maßstäben orientierter Wertung menschlicher Handlungen; Kunst als humane Handlungsorientierung!

III

Zu 12.

Der Begriff des Fortschrittes ist als Begriff mit dem historischen Prozess der Herausbildung der Bourgeoisie als Klasse und mit der Entwicklung der kapitalistischen Produktionsweise verbunden. Ideologen und Philosophen reflektierten die mit der kapitalistischen Produktionsweise hervortretenden neuen Potenzen und zogen Schlussfolgerungen auf einen allgemeinen Menschheitsfortschritt, der - wenn auch in Widersprüchen - vom Niederen zum Höheren führe. Dieser Glaube an einen allgemeinen Fortschritt existiert natürlich schon weit vor dem Prozess der Herausbildung der Bourgeoisie als Klasse, auch wenn er vielleicht nicht umfassend begrifflich problematisiert wurde. Der Glaube an einen Menschheitsfortschritt ist neben dem natürlichen Egoismus der Individuen das wesentliche Motiv für soziales Handeln und Verhalten. Wobei "Menschheit" entsprechend dem jeweiligen historischen Entwicklungsstadium mehr oder weniger ausdrücklich auf die Perspektive "Familie" oder "Stamm" oder "Volk" oder "Staat" etc. reduziert blieb.

Den allgemeinen Fortschrittsweg allein im Sieg der Arbeiterklasse über die Klasse der Bourgeoisie zu suchen, wie es Marx und Engels entsprechend ihrer historisch möglichen Einsichten in die Entwicklungsprozesse der Menschheit taten, wäre heute einseitig. Ausgehend von den realen Entwicklungen in der Welt, die seit Marx und Engels vonstatten gegangen sind, gilt es, das gesamte System der Wege zum Fortschritt, aller auf der Erde entstandenen und auf unterschiedlichstem Niveau produzierenden Gesellschaften zu entdecken. Die Fortschritte innerhalb aller existierenden Formationen machen den wechselvollen Prozess des Menschheitsfortschrittes aus.

Zu 13.

Die in der spätbürgerlichen Philosophie allgemein verbreitete Absage an den Gedanken eines allgemeinen Menschheitsfortschrittes ist der ebenfalls einseitige Reflex auf die Niedergangserscheinungen innerhalb einer Formation, innerhalb einer sich in Teilen überlebenden Produktionsweise. Diese Erkenntnis, die auf der marxistischen Antwort auf die so genannte Grundfrage der Philosophie unmittelbar erwächst (das Sein bestimmt das Bewusstsein!), muss zu einer Neubewertung der philosophischen Systeme spätbürgerlicher Denker führen. Sie sind keine Apologeten oder "Ärzte am Krankenbett" ihrer Gesellschaften, sie sind Grabredner! In ihrem Fortschrittspessimismus liegen die Ansatzpunkte für optimistische Gegenpositionen. In der offensiven Negation ihrer Negationen liegen größere philosophische Potenzen, als in weiteren scholastischen Interpretationen und orthodoxer Hermeneutik der wertvollen Gedanken der Klassiker des Marxismus. Die Größe des Marxschen Denkens erwuchs aus der Auseinandersetzung mit dem philosophischen Gegner und dem philosophischen Freund.

IV

Zu 14.

Die als sozialistische Gesellschaft bezeichnete Vorstufe einer kommunistischen Gesellschaft, wie sie konkret auf der Erde nach der russischen Oktoberevolution in einigen Ländern aufgetreten ist, deutet bisher an, dass in ihrer Weiterentwicklung eine große Stabilität für Menschheitsfortschritt erreichbar ist. Ihre bisherige Fortschrittsbilanz stellt sich allerdings bescheiden dar. Die Beseitigung der ökonomischen Ausbeutung des Menschen durch den Menschen und die Abschaffung des Privateigentums an Produktionsmitteln führten nicht automatisch zu Freiheitsgewinn der überwiegenden Mehrheit der unter sozialistischen Verhältnissen lebenden Menschen. Die proletarischen Diktaturen haben sich vielfach mit Blut besudelt.

Zweifelsohne hat die DDR mit weitem Vorsprung die größten humanen Erfolge nachzuweisen. Die Stabilität der sozialen Absicherung der Mitglieder der DDR-Gesellschaft ist beeindruckend. Und doch müssen auch in der sozialistischen Gesellschaft der DDR bezüglich der Lebensqualität und des Freiheitsvolumens erheblich Defizite verzeichnet werden. Hervorstechend ist die eingeschränkte Bewegungsfreiheit der Bürger. Die Ausnutzung von politischer Macht auf die Ökonomie, die eine progressive Wirkung der der sozialistischen Produktionsweise eigenen Gesetze behindert (Wertgesetz!), verhindert die freie Entfaltung der ökonomischen Potenzen der Menschen.

Wenn mit Marx davon auszugehen ist, dass die ökonomische Tätigkeit einer Gesellschaft die Grundlage ihrer Existenz darstellt, ist primär nicht die Forderung nach Erhöhung des Tempos des erforderlichen Erkenntniszuwachses zu stellen, sondern nach freier Entfaltungsmöglichkeit der ökonomischen Gesetze, aus deren Realisierung einerseits Innovation für Theorie und Praxis und anderseits Potenzen der Selbstverwirklichung für die Individuen im Produktionsprozess erwachsen.

Zu 15.

Der Begriff von den "Triebkräften des Sozialismus" unterstellt die Existenz von einer sozialismuseigenen Sorte von Triebkräften. Aber Triebkraft, Motiv des Handelns der Individuen im eigenen sowie im sozialen Kontext ist und bleibt allein das Streben nach immer besserer individueller Bedürfnisbefriedigung. Oder präziser gesagt: Triebkraft menschlicher Aktivität ist der Zwang, um die Befriedigung der lebenserhaltenden Bedürfnisse in der sozialen Gemeinschaft kämpfen zu müssen. Bedürfnisbefriedigung ohne Kampf, geschenkte Sicherheit führen zu Trägheit.

Auch in einer Gesellschaft mit sozialer Produktionsweise muss das Individuum die Gefahr persönlichen Unheils und Verlustes spüren, für den Fall, dass es seinen sozialen "Kampfauftrag" nicht erfüllt. Dabei muss die anstehende Gefahr nicht existentieller Natur sein, wie in einigen Gesellschaften der kapitalistischen Produktionsweise. Humanistische Werte und Ziele des Sozialismus (Momente echten Menschheitsfortschrittes) müssen nicht aufgegeben werde, wenn die Triebkraft menschlichen Handelns doch wirken soll.

Zu 16.

Der Vorzug sozialistischer Produktionsweise ist die Tatsache, dass alle Mitglieder der Gesellschaft Miteigentümer des gesellschaftlichen Reichtums sind, und sich dementsprechend für die optimale Ausnutzung dieses Reichtums engagieren. Eigentümerbewusstsein und daraus resultierende Bereitschaft zur Mitverantwortung werden aber nur dann entwickelt, wenn den Miteigentümern Mitspracherecht über die Verwendung und Anwendung des gemeinsamen Reichtums zuerkannt und praktisch handhabbar in Form demokratischer Mechanismen gegeben wird.

Die Prozesse der wissenschaftlich-technischen Revolution, die weitere Vergesellschaftung der materiellen und geistigen Produktion, laufen mit den sozialen Tendenzen der Vergesellschaftung des Reichtums und der Verwendungsentscheidungen (Politik!) parallel und können sich gegenseitig stimulieren. Voraussetzung dafür - also für die Entfaltung der Vorzüge einer sozialen Produktionsweise - ist die Demokratisierung des gesellschaftlichen Systems.

Zu 17.

Wissenschaftlich-technische Entwicklung ohne positive Auswirkungen auf sozialen Fortschritt, auf Freiheitsgewinn, auf Erhöhung der Lebensqualität der Individuen ist Nonsens. Ebenso ist eine Wirtschaftspolitik, die die Verbesserung der Lebenslage des Volkes im Kalkül hat, eine Selbstverständlichkeit. Ob allerdings der soziale Fortschritt ein ständiges ökonomisches Wachstum erfordert, sollte nicht voreilig als selbstverständlich bezeichnet werden. Ein ökonomisches Wachstum, welches die natürlichen Ressourcen der Erde systematisch erschöpft, kann nicht im Interesse einer sozialistischen Gesellschaft liegen. Ebenso wenig ein Wachstum, welches letztlich darauf angewiesen ist, ständig neue Bedürfnisse künstlich zu erzeugen, damit die Produkte der gewachsenen Produktion abgesetzt werden können. Ein Bekenntnis zur ökonomischen Vernunft, zum ökonomischen Fortschritt (bei Grundlegung humaner Maßstäbe für die Anerkennung von Fortschritt) erscheint zeitgemäß. Die Notwendigkeit von ökonomischem Wachstum muss hinterfragt werden. Vielleicht liegt ökonomischer Fortschritt in ökonomisch quantitativer Schrumpfung. auf das notwendige Maß.

Zu 18.

Der wesentliche historische Prozess der Gegenwart ist die wissenschaftlich-technische Revolution, in deren Folge Produktivkräfte entstehen (vorwiegend geistiger Natur), die zur Ablösung der alten Produktionsverhältnisse treiben und die Schaffung neuer Produktions- und Überbauverhältnisse herausfordern. In diesem Prozess ist die so genannte Schicht der Intelligenz (wissenschaftliche, künstlerische, juristische, politische...etc.) der wesentliche Träger und Innovator der wissenschaftlich-technischen, moralischen und sozialen Entwicklungen. Die Rolle der traditionellen Arbeiterklasse als physischer Träger des Reproduktionsprozesses nimmt durch den Einsatz automatischer Maschinensysteme ab. Die Arbeiterklasse diffundiert zu großen Teilen in die Bereiche von Dienstleistung, Verwaltung, Handwerk... u.a., bzw. verbleibt in jenen Bereichen der gesellschaftlichen Produktion, wo auf traditionellem Niveau der kapitalistischen Produktionsweise produziert wird. Die Schicht der Intelligenz entwickelt sich auch quantitativ zur führenden Klasse. Dieser objektiven Entwicklung muss durch die angemessene Wertschätzung der Leistungen der Intelligenz (moralisch und materiell) Rechnung getragen werden. Bildung und Wissen müssen in der Hierarchie sozialer Anerkennung an der Spitze rangieren. Bildungsunwillen der Jugend entspringt einer Fehlorientierung auf Werte und Ziele, die nicht dem Wesen einer sozialistischen Gesellschaft entsprechen können.

Zu 19.

Die Gestaltung einer vernünftigen Ökonomie, die Planung dessen, was zur Sicherung und Erhöhung des Lebensniveaus der Bevölkerung nötig ist, sowie die gleichzeitige Verwirklichung des Wertgesetzes über die Mechanismen des Marktes erfordert vor allem die Einsicht, dass der Widerspruch von Planmäßigkeit und Spontaneität wirken können muss. Die ständige Lösung des Widerspruches als Triebkraft ist nicht ohne die Entfaltung der Wirkungen möglich. Die Sensibilität der regulierenden Reaktionen auf Wirkungen des Widerspruches von Plan und Markt beweist die Qualität des wirtschaftsleitenden Apparates. Plan darf nicht zur Zementierung von wirtschaftlichen Disproportionen führen. Das Primäre ist der Markt und das unmittelbare ökonomische Sein.

Zu 20.
Im Zusammenhang von Produktivkraftentwicklung im Zuge der Wissenschaftlich-technischen Revolution und Entwicklung der Produktionsverhältnisse entsteht die objektive Notwendigkeit für Demokratie. Ohne Demokratie kann die soziale Produktionsweise nicht existieren. Die in den als sozialistisch bezeichneten Ländern anzutreffende Produktionsweise ist nach wie vor ihrem Wesen nach eine staatskapitalistische Produktionsweise. Es gibt keinen Privatbesitz an Produktionsmitteln, sondern Staatsbesitz. Wahres Volkseigentum entsteht erst in Verknüpfung von Besitz und demokratischer Verwaltung dessen.

Zu 21.
Die Anerkennung der Dialektik von Individualität und Kollektivität, von Unkollektivität als Vorausset-

zung und Existenz für Individualität erfordert in der gesellschaftlichen Praxis, dass den Individuen die Möglichkeit eröffnet ist, in der Auseinandersetzung mit anderen Individuen sich selbst und zugleich die anderen und das Kollektiv zu formen. Im Kampf der Gegensätze liegt das Moment von Entwicklung. Für eine Gesellschaft mit sozialistischen Idealen ist allerdings erforderlich, den Rahmen für den Kampf so abzustecken, dass ahumane Exzesse unmöglich sind.

Zu 22.

Die technischen Möglichkeiten, die infolge der Wissenschaftlich-technischen Revolution zur Verbreitung von Kunst, Politik und Wissen entstanden sind und entstehen - die modernen Massenmedien - müssen von Manipulations- zu wahren Kommunikationsmedien entwickelt werden, wenn sie konstruktiv auf gesellschaftlichen Fortschritt Einfluss nehmen sollen. Sie müssen Podium des Meinungsstreites über die künstlerische Wertung der Realität, über Nützlichkeit und Wirkung von Wissenschaft, Politik u.a. - müssen Instrumente der Demokratie werden.

Zu 23.

Das grundlegende Entwicklungs- und Bewegungsprinzip der Welt und all ihrer Erscheinungen ist der Kampf und die Einheit der Gegensätze. Auch in den sozialen Beziehungen der Individuen wirkt dieses Prinzip. Der Anspruch der sozialistischen Gesellschaft besteht nun darin, die sozialen Entwicklungen und Bewegungen voraus zu planen und somit mögliche Verluste auf der Seite des Kampfes der Gegensätze zu vermeiden. Die Gefahr des totalen Kollapses beim Zerbrechen der Einheit der Gegensätze wächst global bis zur Gefahr des selbstverschuldeten Unterganges der Menschheit. Die Verantwortung der Menschen, die Seite des Kampfes der Gegensätze, der Widersprüche, nicht bis zum Verlust der grundlegenden Einheit in der Existenz treiben zu lassen, wächst im Großen wie im Kleinen. Es ist und bleibt vornehmste Aufgabe der Philosophie, die realen Widersprüche in ihrer Wirkungstendenz zu analysieren. Unkritische Analysen der Realität können durch Fehleinschätzungen von Widerspruchsentwicklungen zu verheerenden Folgen führen. Auch objektiv nichtantagonistische Widersprüche können kollabieren.

Zu 24.
Schöpferisches Klima in einer sozialistischen Gesellschaft entsteht nicht dadurch, dass man an die Individuen appelliert, schöpferisch zu sein, sich selbst hohe Anforderungen zu stellen etc. Schöpferisches Klima ist allein Produkt der Wechselwirkung zwischen den Mitgliedern eines Kollektivs, die sich das Recht auf Individualität einräumen und anderseits die Rechte des Kollektivs (der Anderen) akzeptieren. Dabei ist die Anerkennung individueller Spitzenleistungen zum Wohle des Kollektivs eine zusätzliche Stimulans des individuellen Schöpfertums.

Zu 25.

Mit der Herausbildung einer echt sozialen Produktionsweise wird auch die sozialistische Moral Form annehmen. Umgekehrt werden Momente der sozialistischen Moral die Entwicklung der sozialen Produktionsweise befruchten. Sittlicher Fortschritt ist nicht von gesellschaftlichem zu trennen. Diese Dialektik und deren mögliche Wirkung auf Fortschrittsprozesse verlangt, dass nicht nur die Ideale sozialistischer Moral postuliert werden, sondern dass moralisches Handeln im Sinne sozialistischer Ideale für die Individuen Früchte trägt, bzw. dass das unmoralische Handeln Strafe nach sich zieht. Der Mensch ist immer so moralisch, wie er es sein muss. Eine Gesellschaft ist umso humaner, je mehr sie die biologisch-egoistischen Grundeigenschaften der Individuen bewusst im Sinne humaner Gesellschaftsgestaltung benutzt.

Zu 26.

Die Welt braucht Fortschritt. Er entsteht nicht nur an der Spitze des Entwicklungskegels der Menschheit. Fortschritt kann und muss auf allen Entwicklungsniveaus der menschlichen Population stattfinden.

Die Zukunft des Menschheitsfortschrittes, die endgültige Überwindung des von Antagonismen gezeichneten Fortschrittes liegt in der Vergesellschaftung der geistigen und materiellen Produktionsmittel - der Denk- und Werkzeuge! - sowie in der Vergesellschaftung der macht; in der Vergesellschaftung der Verfügungsgewalt über den gesellschaftlichen Reichtum; in der Demokratie.

12.8.1989

Fortschritt in neuer Dimension

Sonderdruck aus
Deutsche Zeitschrift für Philosophie
38. Jahrgang . 1990 • Heft 2
VEB DEUTSCHER VERLAG DER
WISSENSCHAFTEN
KORRESPONDENZ

Über Fortschritt zu reden, ist Mode geworden. Warum? Hartwig Schmidt meint: „Die Größe der Probleme, vor denen heute die Menschheit steht, spiegelt sich auch in der Grundsätzlichkeit der Fragen, die zum Fortschritt gestellt werden."(1) In der Einleitung zu den Thesen zum VII. Philosophie-Kongress der DDR heißt es: „Die Frage nach dem Fortschritt stellt sich in der gegenwärtigen Situation mit nie dagewesener Schärfe. Das 20. Jahrhundert hat Fortschrittsprozesse hervorgebracht, die hinsichtlich ihrer historischen Intensität, ihrer Gründlichkeit und ihres Tempos beispiellos sind. Zugleich haben sich Bedingungen herausgebildet, die nicht nur jeglichen weiteren Fortschritt der menschlichen Gattung, sondern deren Fortexistenz in Frage stellen."(2) Sind also jene Prozesse, die so intensiv, gründlich und temposcharf vor sich gegangen sind und gehen, wirklich „Fortschrittsprozesse"? Sind sie wahrhaftig mit dem Begriff Fortschritt belegbar? Wie H. Schmidt polemisch anmerkt, können auch Krankheiten fortschreiten. (3) Liegt in den Prozessen der Gegenwart etwas Krankes?

Andererseits - die Verwendung des Fortschrittsbegriffes in diesem negativen Sinn (Fortschritt des Verfalls) muss zweifelsohne in der Philosophie zurückgewiesen werden. Eine schlechthin in beliebiger Richtung verlaufende Veränderung, eine einfache „Bewegung auf Künftiges hin"'(4), geschweige in absteigender Linie, kann zwar fortschreiten, aber nicht Fortschritt sein. Der Begriff Fortschritt ist seit seinem Entstehen innerhalb der frühbürgerlichen Aufklärung eindeutig mit dem Inhalt verbunden, dass Entwicklung zum Wohle des Menschen vor sich geht, wobei Entwicklung in Hegelscher Definition als Veränderung in aufsteigender Linie von Niederem zu Höherem festliegt. Fortschritt als Ergebnis einer bestimmten Entwicklung auf einem konkreten Gebiet - Kultur, Technik, Ökonomie, .Ökologie etc. - kann nur Wertung vom Standpunkt des Menschen her sein. Es muss also gefragt werden, ob wissenschaftlich-technische Entwicklung Fortschritt bewirkt.

In der Diskussion wird häufig Fortschritt nicht in deutlicher Abgrenzung zu Entwicklung problematisiert. Wenn Bestimmungen von Entwicklung und Veränderung dem Fortschrittsbegriff untergeschoben werden, verliert dieser seine Eigenständigkeit. Die synonyme Verwendung der Begriffe Fortschritt und Entwicklung führt bei Definitionsversuchen oft zu Tautologien.

Zur Verständigung möchte ich daher in grober Kürze Veränderung als quantitative Zu- oder Abnahme von Teilen eines Systems bezeichnen, die zu keiner neuen Qualität, und Entwicklung als eine Veränderung, die zu einer höheren Qualität führt. Entwicklung zu einer niederen Qualität ist begrifflich ein Widerspruch und wird besser mit Verfall (oder Altern) umschrieben. Motor aller Veränderungen in einem System sind Kampf und Einheit der Gegensätze.

Aus den gegenwärtigen Veränderungen und Entwicklungen, die speziell in technisch-wissenschaftlichen Bereichen revolutionierend wirken, ergeben sich nun augenscheinlich Tendenzen, die nur schwer als erfreulich für die Menschheit bezeichnet werden können. Entwicklung und Fortschritt scheinen auseinander zu fallen, sind nicht mehr gleichgerichtet. Technisch-wissenschaftliche Entwicklungen bringen einem Teil der Menschheit Not und Elend. Stirbt also der Fortschritt insgesamt? Gehört der Begriff auf den Müll? Ist er überholt?

Immer, wenn ein historisch gewachsener Begriff mit den sich verändernden Realitäten zu kollidieren beginnt, besteht die Neigung, den Begriff voreilig wegzuwerfen oder ihn wenigstens gründlich umzumodeln. Richtiger ist es hingegen, die Realitäten genau anzuschauen und zu prüfen, ob sie den Inhalt des Begriffes nicht nur erweitern und präzisieren. Sicher - Entwicklungen können einen Begriff sprengen, aber dies geschieht wesentlich seltener als Begriffserweiterungen. Der Zwang zur Begriffserweiterung und Präzisierung klopft beinahe täglich an die Tore der Begriffe. So statisch und massiv die Begriffe auch erscheinen, es sind historisch determinierte lebendige Schöpfungen der menschlichen Abstraktion, die inhaltlich der ständigen Veränderung unterliegen. Marx schreibt im Vorwort „Zur Kritik der Politischen Ökonomie": "... dass Rechtsverhältnisse wie Staatsformen weder aus sich selbst zu begreifen sind noch aus der so genannten allgemeinen Entwicklung des menschlichen Geistes, sondern vielmehr in den materiellen Lebensverhältnissen wurzeln . . ."(5) Das trifft auch auf Begriffe zu.

Der Begriff Fortschritt ist nicht überlebt, muss in seiner historisch gewachsenen Grundbedeutung nicht umgedreht werden, aber die realen, dialektisch verlaufenden Prozesse und Entwicklungen verlangen -erstens eine klare Terminologie und zweitens eine genaue Analyse, bevor man dem Resultat einer Entwicklung den Stempel Fortschritt aufdrückt.

Bleiben zwei Fragen zu klären: 1. Welche Veränderungen und Entwicklungen zwingen gegenwärtig zu einer sorgfältigen Analyse? Und 2. Welche Kriterien sind es, die berechtigen, Resultate von Entwicklungen als Fortschritt zu bezeichnen?

Zu 1: Zur sorgfältigen Analyse zwingen vor allem die technisch-wissenschaftlichen Entwicklungen wie sie u. a. bei H. Schmidt und in den Thesen zum VII. Philosophie-Kongress ausführlich beschrieben sind. (Spärlich und mager erscheinen mir allerdings die bisherigen Untersuchungen zu den moralischen und kulturellen Wirkungen der wissenschaftlich-technischen Entwicklungen der Gegenwart, die gerade im Zusammenhang mit der Frage nach Fortschritt von entscheidendem Belang sind. Die wesentliche Schlussfolgerung hinsichtlich der Frage, ob Fortschritt erzielt wird, ist folgende: Die globalen

Wirkungen der wissenschaftlich-technischen Entwicklungen zwingen, Fortschritt nicht mehr partikulär (nationalistisch, sippenabhängig, klassenbezogen o. ä.), sondern unter globaler Sicht zu begreifen. Die Bezugsebene des Begriffes hat sich infolge der realen Entwicklungen verändert - weiter nichts. Und das historisch Neue - das, was diese neue Sicht auf Fortschritt erforderlich macht, besteht nicht darin, dass "Fortschritt hier" "Rückschritt dort" einschließt - dies ist schon immer so gewesen; dies ist im Grundprinzip dialektischer Entwicklung verankert (man nennt dies "Naturgesetz" oder "Recht des Stärkeren", auch "natürliche Auslese"... o. ä.) - Fortschritt gab es stets nur für bestimmte Teile des Systems "Menschheit": Für die Sippe, gegenüber der Nachbarsippe, welcher ein Jagdrevier abspenstig gemacht werden konnte; für eine Nation, die andere Nationen kolonialisierte; für eine Klasse, die eine andere Klasse ausbeutete...

Das wirklich Neue in der Welt ist, dass "Rückschritt dort", der dem "Fortschritt hier" gegenübersteht, als Rückschritt für den "Fortschritt hier" zurückschlagen kann. Das heißt, so wie in den geschlossenen Systemen von Individuen Entwicklung und Verfall dialektisch untrennbar verkoppelt sind, sich nicht räumlich und zeitlich separieren lassen, so hat sich die Menschheit - auf Basis der modernen Produktions-, Verkehrs- und Kommunikationsmittel - zu einem ganzheitlichen System gefügt (bzw. ist dabei, sich zu fügen), in welchem Entwicklung und Verfall Hand in Hand gehen. Diese neue entwicklungsgeschichtliche Situation zwingt also, den Begriff Fortschritt in neuer Dimension, nämlich in globaler, menschheitlicher Dimension zu verwenden.

In früheren Epochen konnte man mit gutem Gewissen von Fortschritt dieser oder jener Nation, dieser oder jener Formation sprechen, aber mit den modernen Entwicklungen der Wissenschaften und der Technik beginnt die Geschichte der Menschheit endgültig Weltgeschichte zu sein - ist Fortschritt nicht mehr teilbar.

Diese inhaltliche Entwicklung des Begriffes reflektiert auch den beginnenden weltweiten (!) Übergang zu Elementen einer sozialen Produktionsweise (dieser Übergang ist unabhängig vom subjektiven Wollen und Glauben der Menschen), reflektiert das erste zaghafte Aufkeimen der kommunistischen Formation. Die Entwicklung aller produktiven Kräfte der Menschheit, wie sie heute vor sich geht, erfordert, dass der gesamte Reproduktionsprozess unter globalen Gesichtspunkten reguliert wird.

(Die Vorstellung von Profit orientierter Nutzung von Gentechniken genügt, um Alpträume zu erzeugen, und verweist auf die unbedingte Notwendigkeit der vergesellschafteten Verantwortung für die Anwendung solcher und anderer Erkenntnisse.)

Ebenso wie der materielle und geistige Reproduktionsprozess der Menschheit globalisiert wird, so wird also zwangsläufig auch der Begriff, welcher Entwicklungen in Hinsicht auf das Wohl der Menschheit wertet, wird Fortschritt globalisiert. Der kapitalistischen Produktionsweise, deren Grundprinzip die Konkurrenz, die partikuläre Entwicklung ist, entspricht die partikuläre Fortschrittsbewertung. Der sozialen Produktionsweise, die mit der so genannten "wissenschaftlich-technischen Revolution" in die Welt tritt, entspricht die global-menschheitliche.

Zu 2: Vor Milliarden von Jahren, als es noch kein Leben, noch keine Organismen auf der Erde gab; ja, als es selbst die Erde und das Sonnensystem noch nicht gab, herrschte im Universum das Chaos der sich im Widerspruch von Energie und Masse selbst bewegenden Materie. Es gab und gibt die vielfältigsten Veränderungen, die im Chaos keine Ordnung bewirken. Die Herausbildung relativ geordneter, stabiler Systeme und Strukturen im allgemeinen Chaos (6), in welchen bestimmte wiederkehrende Ereignisse eintreten, kann als Veränderung in aufsteigender Linie, ergo als Entwicklung anerkannt werden. Aber die höhere Qualität der Systeme und Strukturen entwickelt sich aus dem Chaos und versinkt wieder darin. Die Frage nach Fortschritt ist im Gesamtzusammenhang des Universums sinnlos.

Nur wenn wir davon ausgehen, dass es die Menschheit auf der Erde gibt und dass die Herausbildung bestimmter Systeme (Galaxis, Planetensystem, Erde) die Voraussetzung für die Entstehung der Menschheit bildet, könnte man einige dieser Entwicklungen Fortschritt nennen. Ähnliche Betrachtungen wären hinsichtlich organisch-biologischer Entwicklungen anzustellen. Die Entwicklung der belebten Materie vom Pantoffeltierchen zum Pantoffelhelden (man verzeihe den kleinen Scherz) ist nur als Fortschritt bewertbar, wenn der Trend zum Menschen enthalten ist. Die Entwicklung der Saurier, Quastenflosser oder anderer Arten, die keine Stufen auf der Leiter der Qualitäten darstellen, die zum Höheren und letztlich zum Menschen (als vorläufig höchste Qualität) führt, wären demgemäß nicht mit "fortschrittlich" etikettierbar.

Die Anwendung des Fortschrittsbegriffes auf die Entwicklungen, die die Voraussetzungen für die Entstehung der Menschen darstellen, halte ich für legitim, weil sie dem historisch geprägten, auf den Menschen ausgerichteten Inhalt des Begriffes nicht widerspricht. Notwendigkeit für die Anwendung des Begriffes auf die vormenschlichen Entwicklungen besteht allerdings nicht. Die Notwendigkeit ergibt sich erst aus der Entstehung der menschlichen Sozialsysteme, eben um Entwicklungen von Niederem zu Höherem, von deren Bedeutung und Wirkung auf die Sozialsysteme der Menschen zu unterscheiden. Die Kriterien für Entwicklung eines anorganischen oder organisch-biologischen Systems zum Höheren sind Strukturiertheit, Ordnungsgrad, Stabilität, Integrität u. ä., und sie gelten auch für die sozialen Systeme der Menschen. Jedes Entwicklungsstadium der menschlichen Sozialsysteme stellte auch insofern eine höhere Qualität dar, als ein höheres Maß an Ordnung, eine kompliziertere Struktur, eine größere Stabilität nach außen, insgesamt also eine bessere Überlebensmöglichkeit zu verzeichnen war. Bei Sozialsystemen tritt noch ein Kriterium hinzu, welches auf die konstituierenden Elemente des Systems bezogen ist - das Kriterium des Bewegungsspielraumes der Elemente innerhalb der Grenzen des Systems, das Kriterium der Freiheit, des Freiheitsgewinns. H.

Schmidt definiert, ganz im Sinne von Friedrich Engels, im Hinblick auf die Gesellschaft den Freiheitsgewinn als das Kriterium für Fortschritt: "Im Freiheitsgewinn oder Freiheitsverlust fassen sich qualitativ Veränderungen in sämtlichen Sphären und Bereichen des gesellschaftlichen Lebens zusammen . . ."(7)

Drei Kernprozesse in der heutigen Welt führt H. Schmidt an, die wesentlichen Freiheitsgewinn bewirken, also Fortschritt darstellen: Friedenssicherung, reproduktives Verhältnis zur Natur, gerechte Weltwirtschaftsordnung. Dagegen gibt es kaum Einwände. Aber Freiheitsgewinn muss noch erläutert werden. Mehr Freiheit nützt nur, wenn die Stabilität des Systems nicht in Gefahr gerät. Freiheit ist also nur wahrhaft Freiheit, wenn sie die Pflicht zur Herstellung von Gemeinschaftlichkeit einschließt, sprich die Stabilität des Gesamtsystems verstärkt. Also - Freiheit in den Grenzen der Notwendigkeiten der Erhaltung des Systemganzen. Und als Behauptung möchte ich nun in Aussicht stellen: Freiheit und Fortschritt wird man letztlich als fast identische, axiologische Begriffe bestimmen müssen. Das alles spricht nicht gegen die Bestimmung der von H. Schmidt genannten Kernprozesse als Fortschritt, aber gegen die Ansicht, Freiheitsgewinn könne das gesuchte objektive Kriterium für Fortschritt sein. Analog zu den Fragen, die sich zum Fortschritt stellen, kann nämlich auch hinsichtlich Freiheit gefragt werden, ob jede Entwicklung Freiheit bewirkt, ob Freiheit partikulär oder ganzheitlich gesehen werden muss etc. Man wird auch hinsichtlich des Freiheitsbegriffes in Betrachtung der realen Entwicklungen der Gegenwart zu dem Schluss kommen: Freiheitsgewinn kann es in der zum einheitlichen Subjekt der Geschichte gewordenen bzw. werdenden Menschheit nur für die Menschheit als Ganzes geben, oder es ist kein Freiheitsgewinn.

Um die Angelegenheit nicht weiter unnötig zu komplizieren, möchte ich folgende Betrachtungsweise anbieten: Fortschritt (und Freiheit) müssen infolge realer Entwicklungen in der Welt in Bezug auf die gesamte Menschheit gesehen und angewendet werden. Das objektive Kriterium für Fortschritt (und Freiheitsgewinn) liegt in der mehr oder weniger gerechten Verteilung von Pflichten und Rechten, von Last und Lust unter den Elementen des betrachteten Systems. Für das System einer kapitalistisch produzierenden Gesellschaft stellt z.B. der „Sozialstaat" nordeuropäischer Prägung einen Fortschritt dar, weil eine gerechtere Verteilung von Last und Lust, von Mühen und Freuden, von Produktion und Konsumtion, von Arbeit und Bedürfnisbefriedigung im Vergleich zu anderen kapitalistischen Systemen existiert. Auch im System der Feudalgesellschaft gab es Fortschritt - also eine den Potenzen des Systems annähernd entsprechende Verteilung von Mühe und Freude (die nicht selten im Erfolg von Klassenkämpfen erzielt wurde), und es gab Rückschritt - also eine die Potenzen des Systems nicht ausschöpfende Verteilungsgerechtigkeit. Absolut gerechte Verteilung von Last und Lust, also absoluter Fortschritt ist nicht erreichbar - auch nicht in den paradiesischen Gefilden des Kommunismus. Allerdings -

die Potenzen einer sozialen Produktionsweise für einen so verstandenen Fortschritt liegen auf der Hand. Ob der reale Sozialismus pauschal bereits einen Fortschritt gegenüber hoch entwickelten kapitalistischen Systemen darstellt, ist ebenso diskutierbar wie die Frage, ob im Sinne gerechterer Verteilung von Last und Lust das kapitalistische System dem Feudalsystem pauschal gegenübergestellt ein Fortschritt war. Meines Erachtens müssen sich Fortschritt und Freiheit jeweils innerhalb der Qualität eines Systems entwickeln, sind nicht automatisch mit der Konstituierung des neuen Systems ausgeprägter als im alten System.

Aber für das Gesamtsystem „Menschheit", das sich infolge globaler Entwicklungen zu konstituieren beginnt, kann heute und in Zukunft nur dann von Fortschritt gesprochen werden, wenn die Potenzen der Entwicklungen, die partikulär oder global vor sich gehen, global für ein höheres Niveau der Gerechtigkeit in der Verteilung des erarbeiteten Reichtums genutzt werden. Wichtig scheint mir, dass aus dieser Sicht nicht nur Entwicklung Rückschritt bedeuten kann, sondern dass die Phase des Alterns, des biologischen Verfalls, Fortschritt einschließen kann. Dieser Gesichtspunkt ist deshalb so wichtig, weil eben alle organisch biologischen Systeme (Individuum und Gesellschaft) altern und vergehen. Um diesen objektiven Prozess der Alterung eines einheitlichen Organismus zu verzögern oder (was m.E. auch für Sozialsysteme utopisch bleibt) in Entwicklung umzukehren, ist es nötig, alle Elemente des Organismus gesund zu erhalten. Der Ausfall einzelner Organe kann den Exitus des Gesamtorganismus nach sich ziehen. Erhitzt sich die Atmosphäre, schmelzen die Eispanzer der Pole und eine „Sintflut" wird die Erde verheeren; stirbt der Regenwald...

Und so heißt das Fazit meiner Überlegungen, dass die realen Entwicklungen in der Welt nicht nur die Gesellschaftssysteme zu einer Schicksalsgemeinschaft fügen, sondern dass sie auch Menschheit und Natur endgültig zu einer Einheit zusammenschweißen. Die Zerstörung von Teilen dieser Einheit ist Rückschritt, weil die Zerstörung die Folge ungerecht verteilter Last ist. So kann also die Einschränkung der Lust auf Seiten der Menschheit zugunsten der Entlastung der Natur Fortschritt sein. Die historische Aufgabe lautet: Das Bewusstsein darüber zu entwickeln (nicht warten, bis Schaden klug macht), dass die Existenz der Menschheit gefährdet ist. Diese Idee muss zur materiellen Gewalt werden. Die Bewertung von Entwicklungsresultaten als Fort- oder Rückschritt ergibt sich dann von selbst.

(1) H. Schmidt: Fortschritt und Rückschritt. In: DZfPh. Heft 10-11/1989. S. 1013

(2) Die Dialektik von wissenschaftlich-technischer Revolution und Menschheitsfortschritt in unserer Epoche. In: DZfPh. Heft 7/1989. S. 577

(3) Vgl. H. Schmidt: Fortschritt und Rückschritt. A. a. O. S. 1013

(4) Ebd.

(5) K. Marx: Zur Kritik der Politischen Ökonomie. In: MEW. Bd. 13. S. 8

(6) Die Fähigkeit der Materie aus chaotischen Zuständen über Zufallsprozesse zu relativ geordneten Strukturen zu gelangen, lässt sich m. E. am Problem der "Julia-Mengen" in der komplexen Ebene, wie der mathematische Fachterminus lautet, veranschaulichen. Ob allerdings die Entwicklung von Chaos zu Ordnung ein universell gerichteter Prozess ist, scheint zweifelhaft.

(7) H. Schmidt: Fortschritt und Rückschritt. A. a. O. S. 1016

ES LEBE KANT!

Überlegungen zu einigen philosophischen Konsequenzen des Werkes "Kritik der reinen Vernunft" von Immanuel Kant - ein Fragment

1. Persönliche Vor-Sätze

"Habe Muth dich deines eigenen Verstandes zu bedienen!" (1) - so lautet nach Kant der Wahlspruch der Aufklärung. Ganz in diesem Sinne nahm ich mir vor "aufklärerisch" zu wirken, und bin mit "Muth" (und etwas Übermuth) an ein Thema herangegangen, welches Armeen von Philosophen bereits beackert haben - Kants "Die Kritik der reinen Vernunft".
Die Zahl der über Kant erschienen Literatur geht weltweit in die Millionen. Nach grober Schätzung sollen sich Dreiviertel um das eben genannte Werk - Kants Hauptwerk - ranken. Ich möchte versuchen, nicht nur "zu ranken", sondern mich hineinzudenken - hineinzudenken in das Anliegen und in die Hauptgedanken des Werkes. Eine Analyse des gesamten Werkes verkneife ich mir von vornherein. Die könnte nur noch langweiliger werden, als das Werk selbst.
Bedanken möchte ich mich bei Immanuel Kant für seinen freundlichen Vorschlag, den er in den "Prolegomena" unterbreitet: "Ich schlage aber darum diese Prolegomena zum Plane und Leitfaden der Untersuchung vor, und nicht des Werks selbst, weil ich mit diesem zwar...auch noch jetzt ganz zufrieden

bin,...aber mit meinem Vortrage in einigen Abschnitten der Elementarlehre...nicht völlig zufrieden bin, weil eine gewisse Weitläufigkeit in denselben die Deutlichkeit hindert, an dessen Statt man das, was hier die Prolegomenen in Ansehung dieser Abschnitte sagen, zum Grunde der Prüfung legen kann." (2)

Ich habe diesen Vorschlag dankbar aufgegriffen, ihn allerdings in nur geringem Umfang benutzt, da ich die philosophisch brisantesten Aspekte - jene Aspekte, die immer wieder im Mittelpunkt der philosophischen Diskussionen um die Tranzendentalphilosophie stehen und die die Zuordnung des Kantschen Denkens zu den jeweiligen "...ismen" bestimmen - sowieso nicht in den weitschweifigen Abschnitten der Elementarlehre (in denen sich Kant selbst nicht zurechtgefunden haben dürfte) , sondern in den Erläuterungen zu den Vorreden und in den Einleitungen zur "Kritik der reinen Vernunft" gefunden habe. Mein Thema - das möchte ich mit Nachdruck feststellen - ist nicht das Kantsche Werk an sich, sondern es sind eben jene Aspekte, an denen sich der Streit um Kant immer wieder entzündet hat und die Philosophen in feindliche Lager teilte.

Vorab sei schon soviel eingestanden: Ich gehöre zu keinem der bisher vorhandenen Lager!

2. Neben-Sätze zur Kant-Rezeption

Der Umfang der Literatur zu Kant soll - wie gesagt - gigantisch sein. Es genügt - dies zu prüfen - ein kurzer Blick in jede noch so profane Bibliothek. Dieser, also prüfbaren Tatsache wegen, brauche ich mich nicht zu schämen, wenn ich eingestehen muss, die Kant-Rezeption eigentlich überhaupt nicht zu überblicken. Schon gar nicht die abendländische !

Darf ich mir das Recht nehmen, trotzdem einige Bemerkungen dazu zu verlieren? Ich denke doch, denn ich kann mit Sicherheit davon ausgehen, dass auch kein anderer die gesamte Sekundärliteratur zu Kant überblickt. Wer könnte also stichhaltig meine Auswahl an Beispielen als unsignifikant verwerfen?

Beginnen wir also:

Marx und Engels sahen in Kant sicher einen großen Denker - und wohl auch einen (im allgemeinen Sinne) Vorreiter des eigenen Denkens - "...wir deutschen Sozialisten sind stolz darauf, dass wir abstammen nicht nur von Saint-Simon, Fourier und Owen, sondern auch von Kant, Fichte und Hegel." (3) -, doch letzten Endes war ihnen der Kant doch nur die Galionsfigur des provinziellen und bornierten deutschen Spießbürgertums, denn : "Während die französische Bourgeoisie sich durch die kolossalste Revolution, die die Geschichte kennt, zur Herrschaft aufschwang....., während die englische Bourgeoisie die Industrie revolutionierte...brachten es die ohnmächtigen deutschen Bürger nur zum `guten Willen`. Kant beruhigte sich bei dem bloßen `guten Willen`, selbst wenn er ohne alles Resultat bleibt...Dieser gute Wille Kants entspricht vollständig der Ohnmacht, Gedrücktheit und Misere der deutschen Bürger, deren kleinliche Interessen nie fähig waren, sich zu gemeinschaftlichen, nationalen Interessen einer Klasse zu entwickeln..."(4)

Mit Blick auf den Kant'schen Agnostizismus schrieb Marx: "Die Kantianer hingegen sind sozusagen die angestellten Priester des Nichtwissens, ihr tägliches Geschäft ist, einen Rosenkranz abzubeten über ihre eigene Impotenz und die Potenz der Dinge."(5)

Marx spricht zwar nicht von Kant, sondern von den Kantianern - und zugegebenermaßen war Kant sowenig Kantianer wie Marx Marxist war - und sicher waren einige Kantianer wirklich solche "Priester des Nichtwissens" -, und trotzdem geht der Angriff natürlich auch gegen Kant selbst und wirkt daher unangemessen zynisch. Denn wenn Kants Philosophie einen `Endzweck` hat, dann den, Fundament für den potenten, schöpferisch tätigen Menschen zu sein.

Lucien Séve schlägt vor - "...alle diese Diskurse...vom Endzweck her zu lesen und sie zu befragen, worauf sie praktisch hinauswollen..." (6) Diesen Vorschlag sollte man auch für die Beurteilung von Philosophie aufgreifen, weil nichts leichter ist, als jemanden `unterwegs` misszuverstehen. Und liest man Kant von seinem `Endzweck` her, liegen solche Auslassungen wie die Marxsche unter der Gürtellinie.

Als Beweis für die angeblich hohe Anerkennung die Marx der Kantschen Philosophie zollte, wurde von Marxisten immer wieder der Spruch von " Kants

Philosophie" als die "deutsche Theorie der französischen Revolution"(7) beigebracht. Aber dass dieser Spruch von Marx nicht positiv gemeint ist, wird deutlich wenn Marx (gemeinsam mit Engels) im gleichen Kontext formuliert:" Die charakteristische Form, die der auf wirklichen Klasseninteressen beruhende französische Liberalismus in Deutschland annahm, finden wir wieder bei Kant. Er, sowohl wie die deutschen Bürger, deren beschönigender Wortführer er war, merkten nicht, dass diesen theoretischen Gedanken materielle Interessen der Bourgeoisie und ein durch die materiellen Produktionsverhältnisse bedingter und bestimmter Wille zugrunde lag; er trennte daher diesen theoretischen Ausdruck von den Interessen, die er ausdrückt; machte die materiell motivierten Bestimmungen des Willens der französischen Bourgeoisie zu reinen Selbstbestimmungen des freien Willens, und verwandelte ihn so, in rein ideologische Begriffsbestimmungen und Postulate. Die deutschen Kleinbürger schauderten daher auch vor der Praxis dieses energischen Bourgeoisieliberalismus zurück, sobald diese sowohl in der Schreckensherrschaft als in dem unverschämten Bourgeoisieerwerb hervortrat."(8)

Deutlich gesagt - Marx akzeptiert nicht, sondern wirft Kant vor, dass seine Philosophie "deutsche Theorie der französischen Revolution" ist. Kant hat in Marx` Augen eine Todsünde begangen!

Außerdem - ist da nicht wieder die Vermischung von Kant und Kantianern, von Philosoph und Philosophastern (wenn mir dieser Ausdruck gestattet sei)? Es mag der deutsche Kleinbürger zurückgeschaudert sein - wie übrigens auch der französische Kleinbürger! -, Kant hingegen ist nicht zurückgeschaudert. Kant ist - wie ihm Franz Mehring bescheinigt - der französischen Revolution "...über die Schreckensherrschaft hinaus treu geblieben." (9)

Nein, Marx behandelt (wie auch sein Freund Engels) den Kant viel zu oberflächlich. Er wird ihm nicht gerecht. Die Gleichsetzung von Kant mit seinen Nachäffern und dem deutschen Spießbürgertum ist unerträglich.

Engels schreibt sogar: " In der deutschen Philosophie von Kant bis Hegel... geht der deutsche Spießbürger durch."(10)

Wie ein Philosoph, dessen Credo die Abhängigkeit des Bewusstseins vom gesellschaftlichen Sein ist, dem ökonomisch und rechtlich schwachen deutschen Bürgertum der damaligen Zeit en bloc Spießigkeit (eine Bewusstseinserscheinung) vorwerfen kann (die ja nur aus dem gesellschaftlichen Sein resultiert - also logisch und unabwendbar auftreten musste), ist mir ebenso unbegreiflich, wie ein Spießbürger, der in den Philosophien von Kant bis Hegel hindurchgehen soll. In den Philosophien von Kant bis Hegel geht bestenfalls - wenn man den marxistischen Ansatz akzeptieren kann - das deutsche, vom konkreten gesellschaftlichem Sein geprägte Bürgertum durch - und zwar in seinem Gesamtspektrum ! Nicht nur die Teile des Bürgertums, die man vielleicht wirklich mit Spießbürger ganz treffend bezeichnen könnte.

Eine echte Auseinandersetzung mit den philosophischen Grundgedanken des Kant hielten Marx und

Engels für überflüssig (und gaben somit der gesamten marxistischen Philosophie ein schlechtes Vorbild, welchem desto eifriger gefolgt wurde.): " Seitdem man entdeckt hat, dass Kant der Urheber zweier genialer Hypothesen ist...- der Theorie von der Entstehung des Sonnensystems und der Theorie von der Hemmung der Erdrotation durch die Flutwelle - ist Kant bei den Naturforschern (! - nicht bei den Philosophen) wieder zu verdienter Ehre gekommen. Aber bei Kant Dialektik studieren zu wollen, wäre eine nutzlos mühsame und wenig lohnende Arbeit, seitdem ein umfassendes...Kompendium der Dialektik vorliegt in den Werken Hegels."(11) Ergo - den Kant kann man sich klemmen!

Anders der Hegel, Georg Wilhelm Friedrich: Der hat den Kant - salopp gesagt - auseinander genommen wie eine Weihnachtsgans. Von irgendwelcher kollegialen Hochachtung habe ich nichts gespürt, aber Ironie und Überhebung die Menge. Ja, Hegel behandelt den Kant regelrecht "barbarisch", um jenes Prädikat zu verwenden, mit welchem Hegel die Kantsche Terminologie, Ausdrucks- und Denkweise mehrfach etikettierte: "Barbarisch!" (12)

Und Hegel sieht in Kant - ebenso wie Marx und Engels - hauptsächlich einen Anders-, also einen Falschdenker! Auch bei Hegel wenig Mühe, nach dem Wertvollen in Kants Philosophie zu suchen.

Natürlich - natürlich für einen Philosophen, der im marxistischen Dunstkreis groß geworden ist - frage ich nun, wie denn der Wladimir Iljitsch Lenin den Kant reflektiert hat. Antwort: Gar nicht.

Lenin hat den Hegel gelesen (13) , sich im wesentlichen dessen Urteil über Kant angeschlossen und letztlich den Kant als versöhnlerischen Wanderer zwischen den philosophischen Antiwelten in die Ecke gestellt: "Der Grundzug der Kantschen Philosophie ist die Aussöhnung des Materialismus mit dem Idealismus, ein Kompromiss zwischen beiden..."(14)

Und Lenin hasst nichts mehr als Kompromisslertum. Die reine Lehre - sonst nichts !

Das tiefer liegende Motiv, den Grund für Kants angeblichen Kompromiss aufzuspüren, hat Lenin nicht für notwendig erachtet. Hochmut kommt immer vor dem Fall.

Ich vermute, dass gerade in der Ambivalenz Kantschen Denkens das Wesen des Seins besser erfasst ist, als in den dogmatischen reinen Lehren. Zum zweiten bin ich mir sicher, dass Kants Denken, wie das Denken jedes vernünftigen Menschen, einen materialistischen, einen seinsbezogenen Kern enthält. Ja, ich würde die Behauptung wagen, auch im Denken des abgefeimtesten Idealisten einen materialistischen Kern nachweisen zu können. Man darf nur nicht immer und stets erwarten, dass der andere die Welt vom gleichen Fenster aus betrachtet.

Aber lassen wir das. In Sachen Intoleranz nehmen sich Idealisten und Materialisten und andere -...isten nichts.

Und wie war die Sicht des entthronten DDR-Marxismus auf Kant?

Obwohl man sich im Alleinbesitz der Wahrheit fühlte und das Nachdenken für überflüssig erachtete, war man gezwungen, bestimmte Vorläufer und Vordenker anzuerkennen. Man vertrat ja dummerweise eine Philosophie, die alles Irdische als Produkt einer vorangegangenen Entwicklung zu begreifen vorgab. Man selektierte scharf...und fast hätte man den Kant vereinnahmen können, aber dieser verdammte Agnostizismus!

Der bedeutendste Kantforscher der EDDR (ehemaligen DDR), Manfred Buhr, schreibt beim Versuch, dem Kant in seiner historischen Größe und Begrenztheit gerecht zu werden: "Jede Betrachtung der Philosophie Kants muss davon ausgehen, dass sie Moment eines größeren Ganzen, nämlich der klassischen bürgerlichen Philosophie ist."(15)

Diese Prämisse stand unangefochten im Raum marxistischer Philosophiegeschichte. Dabei kommt sie einer Vergewaltigung gleich! Die klassische deutsche Philosophie - wenn man den Begriff gelten lassen will - als "größeres Ganzes" bezeichnen, suggeriert Geschlossenheit, Systematik und Kontinuität. Stattdessen ist die so genannte klassische deutsche Philosophie für mich ein breit gefächertes Spektrum - Ausdruck vielschichtiger bürgerlicher Emanzipation; ein Nebeneinander von Gedankengebäuden, die bei aller gegenseitigen Beeinflussung ein hohes Maß an Eigenständigkeit und Widerstandsfähigkeit besitzen. Sie in ein "größeres Ganzes" vereinnahmen zu wollen - unter einen Deckel zu pressen -, ist Unfug. Allein Kant und Hegel als zwei Momente (Momente!!!) einer Ganzheit sehen zu wollen, ist paradox.

Diese Prämisse ist aber nicht nur schlechthin dumm, sondern sie verhindert von vornherein einen unbeschwerten Zugang zur Originalität der subsumierten Philosophien. Wer Fichte - um einen anderen Namen ins Spiel zu bringen - nur unter der Rubrik "klassische deutsche Philosophie" begreifen will, wird kaum einen Zugang zu Originalität und individuellem Anliegen Fichtes vordringen können, und sich somit jedes Vergnügen am Entdecken der Sonderbarkeiten dieses Denkers verscherzen.

Dabei will ich nicht behaupten, dass es keine übergreifenden Momente zwischen den Philosophien der so genannten klassischen Phase gäbe - nein, nein ! Nur die Umkehrung, die die Philosophen und ihr Denken zu Momenten eines "größeren Ganzen" degradiert, hätte nicht hingenommen werden dürfen. Wer aber von den Philosophen der EDDR - außer mir - war unabhängig genug vom Wohlwollen irgendwelcher Brötchengeber, um sich an dieser (oder einer anderen Stelle) zu sperren ? Gegen einen Philosophiepapst von Honeckers oder Hagers Gnaden ?!

Sicher - man mag sagen, die Frage sei zu geringfügig, für einen offenen Kampf gewesen. Doch die Schlachten werden immer zuerst an den unbedeutenden Stellen verloren.

Eine " bedeutendere Stelle" liegt wohl vor, wenn M. Buhr - zu Teilen Marx folgend (wem sonst?) - den Kant als pures Werkzeug sich realisierender gesellschaftlicher Verhältnisse darstellt: " Die historisch aufgetretenen Gestalten ... (Gestalten!!!)...des klassischen bürgerlichen Denkens sind Antworten auf die jeweils erreichte Entwicklungsstufe der bürgerlichen Gesellschaft.../...die Art und Weise der philosophischen Besinnung darüber bei den einzelnen Denkern war abhängig vom Stand der Herausbildung und Stabilisierung der bürgerlichen Gesellschaft...und von der Reife jener bürgerlichen Schichten, deren Sprecher sie jeweils waren." (16)

Mai 1993

Who is who?

Wer Sie sind, verehrter Leser, ist klar. Sie haben sich verraten, haben sich selbst entlarvt, haben die Maske der Volkstümlichkeit in einem Moment der intellektuellen Schwäche von den Jochbeinknochen rutschen lassen. Ja, Sie gehören mit absoluter Gewissheit zu jener Spezies von Mensch, die es nicht lassen kann, mit eignen Augen zu lesen. Jawohl! Aber dessen nicht genug gehören Sie scheinbar sogar zu jener Unterart von Lesern, die die akute Bereitschaft in sich tragen, Gedanken anderer Menschen entgegenzunehmen und sich mit denselben bis zu einem gewissen Grade auseinanderzusetzen. Schämen sollten Sie sich!

Doch viel interessanter als Ihre Demaskierung ist die Frage, wer denn jene sind, die bei den verschiedenen Wahlen, die in der EDDR (ehemaligen DDR) zu absolvieren waren, mit unbekümmerter Penetranz ihre Stimmen zu jener Mehrheit vereinigten, auf deren Grundlage die aktuellen Regierungen in Bund und Ländern zu ihren Taten ermächtigt sind. Ja, fragen wir frank und frei: Wer ist diese Mehrheit im deutschen Volk? Wer ist die Mehrheit in dieser Mehrheit? Auf wen stützt sich also letzlich die herrschende Macht?

Sicher könnte man sich die Antwort leicht machen und einfach sagen: Auf den Mob!

Aber so was sagt man nicht, so was denkt man höchstens heimlich; es sei denn, man ist - wie zum Beispiel ich - eine Art Hofnarr und kann sich solch eine Respektlosigkeit leisten. (I muss in meinem früheren Leben a Kabarettist gewosen sein...) Als ernstzunehmende Persönlichkeit könnte man eventuell, ohne gleich der Überheblichkeit bezichtigt zu werden, sagen: Die Macht stützt sich wesentlich auf die Volksmassen (einschließend jene, die sich im Herbst/Winter 1989 allmontäglich selbst lautstark als "Volk" bezeichneten).

Als wichtig und richtig an beiden, die Problematik zwar sehr vereinfachenden Antworten wäre jedenfalls der waghalsige Mut zu registrieren, der Mehrheit eher kritisch, oder wenigstens sachlich, denn schmeichelnd gegenüberzutreten. Wer schon, zeigte in Vergangenheit oder Gegenwart solchen Mut? (Oder müsste man gegebenenfalls doch schon von Übermut reden?)

Die Ideologen des schmählich gescheiterten Realsozialismus , die längst vergessen hatten, was Sozialismus ursprünglich sein wollte, haben die Volksmassen zur geschichtstragenden und fortschritteckenden Gottheit hochstilisiert und sich in deren Schatten bequem eingerichtet; die Apologeten des schmählich weiterwuchernden Kapitalismus tanzen um die Wähler , als wären die das berühmte goldene Kalb. Und wenn die Regierenden die Interessen der Banken und der Großindustrie vertreten, so handeln sie bekanntlich letztlich nur im Wählerauftrag. In wessen Auftrag denn sonst ?

Und nicht zu vergessen - Volksmassen sind Käufer, Kunden, Leser, Zuschauer, Fans...Wer wird die Kuh schlachten, die er melken will?

So gesehen ist also der Mut, die Masse nicht eilfertig zu hofieren, sehr anerkennenswürdig. Dabei will ich nicht verschweigen, dass Sie, verehrter Leser - wie auch ich, der verehrte Schreiber, - trotz aller Bemühungen um Distanz zu massentypischem Verhalten, Teil der Masse sind. Da können wir beide auf- und niederhupfen - wir sind als Individuen auch stets Teil der Masse und handeln in weiten Bereichen massentypisch, weil es anders nicht gehen würde. Oder zeigen Sie mir den Aussteiger der wahrhaftig und total aus der Masse ausgestiegen ist! - ...und noch lebt!

Doch abgesehen von dieser grundlegenden Dialektik im Verhältnis von Individuum und Masse - wer sind jene, die bei den Wahlen die existierende Mehrheit schufen; wer sind jene, die berauscht vom Superangebot des Marktes nicht spüren, wie ihnen Stück um Stück das Fell über die Ohren gezogen wird; wer bringt die hohen Einschaltquoten bei den idiotischen Erotikfilmen von "RTL" zuwege ?; wer sind jene, die den Videothekenbesitzer reich machen - jene, die den Versicherungshaien ins Netz gehen; jene, die (ohne sich wenigstens innerlich zu rügen) von einem Mercedes träumen - jene... ja, welche also ?

Erinnern wir uns doch mal: Da waren in der Grundschule, was sich ab Klasse 5 immer deutlicher zeigte, jene Jungs und Mädchen, die für Freundschaften einfach nicht tauglich waren. Teils weil sie uns zu doof, zu egoistisch, zu hinterlistig, zu unzuverlässig etc.pp... waren; dann jene gutmütigen armen Würstchen, die den Mächtigen in der Klasse dienstfertig gehorchten; dann die wirklich rettungslosen Tiefflieger...und alle jene bildeten in Ihrer Schulklasse die Mehrheit. In meiner Klasse auch.

Selbst als wir dann auf der erweiterten Oberschule schon zu einer gewissen Elite gehörten, gab es immer noch jene...sagen wir, jene, die es durchaus verstanden haben, der herrschenden Lehrerschar nach dem Maule zu reden, um einen passablen Studienplatz zu ergattern, die aber keinen halben Gedanken an irgendetwas verschwendeten, was außerhalb des Kalküls der eigenen Karriere lag. Und - woran Sie sich unbedingt wieder mal erinnern sollten (soweit Sie männlichen Geschlechts sind) - an den "Ehrendienst"! Schreiten Sie bitte gedanklich die Front Ihrer Kompanie ab!

Ja, was muss ich Ihnen noch erzählen, damit Sie sich zu der Tatsache bekennen, dass Sie mit der Mehrheit nichts zu tun haben, nie etwas mit ihr gemein hatten... und haben werden? Soll ich Ihnen noch erzählen, wozu diese Typen fähig sind?

Pardon - natürlich brauche ich Ihnen, verehrter Leser, dies nicht zu erzählen. Wir wissen schließlich, wozu wir selber fähig sind. Und dazu gehört das Spektrum der Dummen allemal. Oder wollen Sie abstreiten, dass das Leben von Al Capone nicht auch für Sie einen gewissen Reiz hätte? Wobei Sie natürlich Recht haben, wenn Sie einwenden, dass Al Capone im landläufigen Sinne nicht dumm gewesen sein kann. Der Kerl war zweifelsohne hochintelligent. Nein, das was ich mit Dummheit bezeichne, ist nicht nur abhängig vom Intelligenzquotienten oder vom Qualifikationsniveau (ich habe soviel hoch gebildete Kriecher und Leisetreter kennen gelernt!),

das was ich mit Dummheit meine, das ist jene ge-
fährliche Fähigkeit, den Mittelpunkt der Erde im eigenen Nabel erkennen zu können. Dazu gesellt sich
zwangsläufig die Verachtung aller vernünftigen Regeln, die das Leben des Einzelnen in und mit der
Gesellschaft erst möglich machen. Die Dummheit,
die ich meine, ist durch den Mangel an humaner
Vernunft charakterisiert. Allerdings dürfte von mir
auch keiner diese Vernunft verlangen, wenn ich von
der Gesellschaft ins Abseits gedrängt werden würde.
Dann wäre mir auch mein Nabel das Nächste - und
wenn es sein müsste - würde ich mir meinen Le-
bensunterhalt mit kriminellen Mitteln sichern. Und
ich wäre einer, den die Kripo nur schwer fassen
würde. Brief und Siegel!
So gesehen geht es also darum, gesellschaftliche
Bedingungen zu schaffen, die vernünftiges Denken
und Handeln möglich machen. Und wenn diese Bedingungen noch nicht vorhanden sind; wenn daher
die Unvernünftigen für ihre Unvernunft nicht absolut verantwortlich gemacht werden können, so hilft
es wenig, die Unvernünftigen nicht als unvernünftig,
Dumme nicht als dumm zu bezeichnen, oder sie gar
zu bedauern. Ob nun selbstverschuldete oder aufge-
zwungene Unvernunft - die Wirkung ist die gleiche.
Auch der Pestkranke muss isoliert werden, obgleich
er selbst nur Opfer ist. Wer das Unkraut im Garten
nicht ausrottet, wird bald nichts mehr ernten können
- außer eben Unkraut.
Platon, der griechische Philosoph der Antike, bezeichnete übrigens jene Typen als die übelsten unter
der Sonne, die nichts genau wissen, aber zu allem

eine Meinung haben. Nun - im Bereich der Wirtschaft werden solche Typen schnell selektiert. Kein Manager oder Unternehmer käme auf die Idee, sich nach den unmaßgeblichen Meinungen inkompetenter Mitarbeiter zu richten. Aber im politischen Bereich, dort wo strategische Entscheidungen für den Entwicklungsweg der Gesellschaft fallen müssen, dort gilt die mehrheitliche Meinung der Inkompetenten, denn die Mehrheit ist politisch inkompetent - und, was noch viel fataler ist, sie ist dazu auch noch manipulierbar.

Nanu, warum sind Sie denn plötzlich so verunsichert? Es wäre doch wirklich nur Augenauswischerei, wenn wir weiterhin so tun würden, als wären alle Menschen von gleicher Qualität. Nein, verdammt noch mal, die Menschen sind ganz und gar nicht gleich ! Sie sind es weder von Geburt her, noch von den Lebensumständen, die sie zu prägen beginnen, sobald sie das Licht dieser Sonne erblicken, noch von ihrem geistigen Niveau her. Ich hörte von Menschen, die wurden als Kaiser oder Milliardäre geboren. Ich erlebte Menschen, die waren völlig stumpf und unbegabt. Ich habe Menschen kennen gelernt, die haben mit Igeln - ja, mit diesen sympathischen stachligen Gesellen - Fußball gespielt. Und ich habe Menschen kennen gelernt, die haben, nur um sich selbst einen winzigen Vorteil zu verschaffen, einen anderen verzinkt - beim Lehrer, beim Lehrausbilder, beim Trainer, bei der Stasi, beim Chef, beim Geschäftsführer....

Na schön, auch wir beide haben da so unsere schwarzen Stellen auf der Landkarte, aber wir hatten doch wenigstens immer unsere Gewissensbisse!

Ich behaupte doch gar nicht, dass wir Helden sind, oder gar Märtyrer; aber ich behaupte, dass wir einige, der vor der Welt stehenden Probleme mit höherer Verantwortung gegenüber dem Allgemeininteresse der Menschheit verhandeln würden, als es eine Politik kann, die auf den Willen der Mehrheit Rücksicht nehmen muss und von diesem Willen kontrolliert wird. Die Mehrheit hat niemals Recht. Es waren in der Geschichte der Menschheit immer nur wenige Einzelne, die die Kraft zum vernünftigen Handeln, und ein paar mehr, die die Gabe des vernünftigen Denkens besaßen. Sollten sich nicht endlich alle jene, die sich in irgendeiner Art als vernunftbegabte Menschen begreifen, zusammentun?

Ist "links" heutzutage wirklich noch dort, wo die so genannte Arbeiterklasse und die anderen Mehrheitsbildner stehen?

In seinem sehr interessanten Aufsatz "Faktoren der Geschichte" ("Die Weltbühne" 46,1990)schrieb WOLFGANG RUGE folgende Schlusssätze: "Solchen Katastrophen, die mit der Technikentwicklung immer unheilvoller zu werden drohen, kann die Menschheit in Zukunft wahrscheinlich nur entgehen, wenn sie sich der so genannten großen Männer erwehrt und die Massen es lernen, ihre eigenen Interessen zu erkennen. Da scheint jedoch, auch und gerade nach den Erfahrungen aus jüngster Zeit, Zuversicht kaum angebracht."

WOLFGANG RUGE hat es vorsichtig formuliert: "Zuversicht kaum angebracht"! Vorsicht ist zweifelsfrei die Mutter der Porzellankiste, aber nicht die Mutter der Menschheitszukunft.

Vielleicht scheut sich RUGE, wie vielleicht auch Sie, verehrter Leser, vor dem simplen Eingeständnis, dass die "so genannten großen Männer" von den Massen (einschließlich Arbeiterklasse) getragene Männer waren - sonst wären sie keine großen Männer gewesen -, und vor der Einsicht, dass die Masse, in den heutigen Mehrheitskonstellationen, nicht fähig ist, ihre eigenen Interessen erkennen zu können.

Nicht, dass die Massen grundsätzlich und allesamt von Blindheit geschlagen wären - nein, aber sie werden zusätzlich zu den vorhandenen Sehschwächen fortlaufend geblendet. Durch das Superwuschelweichbilligextrasexi... - Sie wissen schon. Na, und um kurz vor Schluss meines Aufsatzes nicht auch noch der Feigheit bezichtigt werden zu können, will ich es deutlich sagen: Die Form der ungewichteten Demokratie, wie wir sie gegenwärtig haben, halte ich für beinahe ebenso impotent wie eine Diktatur. Die Masse ist dümmer, als die Demokratie vertragen kann.

Schön, ich will gerne zugeben, dass auch ich mit meinem Teil von Dummheit zur Dummheit der Masse beitrage - im Rahmen der oben erwähnten Dialektik -, aber ich, und Sie, verehrter Leser, - wir könnten durchaus auch zur Vernunft der Vernünftigen beitragen. Der alte Brecht, der Bertolt, der nie erfahren wird, wie böse das Sozialismusexperiment der Unbegabten ausgegangen ist, schrieb:" Es setzt sich nur soviel Wahrheit durch, als wir durchsetzen; der Sieg der Vernunft kann nur der Sieg der Vernünftigen sein."

Ich habe das Zitat auf einem Blättchen meines Abreißkalenders gefunden und kann daher nicht genau die Quelle angeben, aber trotzdem sollte sich der Wissenschaftler in Ihnen der Botschaft nicht verschließen: Die Mehrheit der Dummen kann nur durch die Macht der Wissenden, der Vernünftigen und Kompetenten überwunden werden. Ich betone - durch die Macht! -, denn die Mehrheit werden die Vernünftigen niemals erringen können. Jedenfalls nicht in absehbarer Zeit. Siehe bei RUGE!

Sollten wir nicht wenigstens eine entsprechende Partei gründen - eine Vernunftpartei - eine europäische - eine globale Vernunftpartei vielleicht?

PS: Platon, der den Untergang der griechischen Demokratie miterlebte und analysierte, kam zu dem Schluss, dass Demokratie ein rechter Unfug ist - ebenso wie Diktatur - , und dass es nötig sei, die Philosophen auf den Thron der Macht zu setzen.(Dabei verstand Plato unter Philosoph allerdings einen Lehrer der Weisheit und nicht das, was die Philosophen in der EDDR darstellten: Rotlichtpauker.)

Jedenfalls sollte in die aktuellen Diskussionen um den Weg der Gesellschaft in die Zukunft nicht so getan werden, als wäre die parlamentarische Demokratie der Weisheit allerletzter Schluss. Ich würde z.B. (ohne nun gleich ein Wahlreglement parat zu haben) für eine Form von Demokratie plädieren, bei der das Stimmrecht und das Stimmgewicht von der

Kompetenz des Einzelnen bezüglich der zur Entscheidung anstehenden Frage abhängen. Wer fragt seinen dreijährigen Sohn, wenn es um die Entscheidung geht, ob man sich lieber trocken oder nass rasieren sollte?

August 1992

Polemismus

Jemand forderte auf, man solle doch Gedanken zur Frage "einer funktionierenden Gesellschaftsform" aufschreiben. Motto: Meine funktionierende Gesellschaftsform!

Die Frage nach "einer", bzw. "meiner funktionierenden Gesellschaftsform" suggeriert den Standpunkt, dass es bisher noch keine funktionierende oder zumindest keine richtig funktionierende Gesellschaftsform gegeben habe. Das ist natürlich Unsinn.

Alle bisherigen Gesellschaftsformen haben funktioniert - von der Urgesellschaft bis zum modernen Kapitalismus in wachsend globaler Ausprägung. Der Starke gewinnt, der Schwache verliert, und am Ende wird die Menschheit oder werden Teile dieser Menschheit mächtiger geworden sein als die Mächte der Natur und schier übermächtig gegenüber anderen Lebewesen. Menschen besitzen schon jetzt die Macht, alle anderen Konkurrenten, die ihnen auf der Erde ans Leben wollen, zu vernichten. Höchstens die Mikroorganismen - Bakterien, Viren u. ä. - könnten noch eine gewisse Gefahr für den Menschen darstellen. Ansonsten hat der Mensch die Mittel in der Hand allmächtig zu sein. Die natürliche Auslese wurde durch die sozialen Komponenten derart beschleunigt, dass der Mensch innerhalb kürzester Zeit (in den Dimensionen der Erdgeschichte gesehen) zum Beherrscher der Welt geworden ist und keinen anderen wirklich gefährlichen Feind mehr besitzt, außer sich selbst.

Das ist der absolute Sieg!

Das ist der Gipfel der Evolution.

Das hat bestens funktioniert.

Und wenn nicht mittlerweile eine merkwürdige Geisteshaltung unter den Menschen ausgebrochen wäre, nennen wir diese Geisteshaltung "Humanitätsduselei" oder "Gerechtigkeitswahn" oder ähnlich, dann könnte die natürliche Auslese auch innerhalb der Menschheit in Kürze zu einem vorläufigen Ergebnis kommen. Vorläufig deshalb, weil natürlich nach der Ausrottung der schwachen Teile der Menschheit, sich die Auslese auf dem höheren Niveau fortsetzen würde.

In der Geschichte der Natur hat es noch keine Art gegeben, die derartige Rücksichten bei der Umsetzung des Evolutionsprinzips walten ließ, wie die Menschheit. Die Saurier haben sich gnadenlos gegenseitig bekämpft, bis sie dann eines Tages allesamt abgetreten sind. Aber sie waren lange da. Sie haben sich lange bekämpft, so wie es ihnen die Natur vorschrieb. Wie lange müssen noch Katzen gegen die Mäuse kämpfen?

Seit wann eigentlich kennt man auf der Erde den Frieden? Oder den Gedanken des Friedens?

Was bisher noch nie in der Geschichte funktioniert hat, das ist eine Gesellschaftsform, in welcher die Menschen sich nicht gegenseitig bekämpfen und befehden. Freiheit, Gleichheit, Brüderlichkeit oder ähnliche Losungen gab es schon viele - beispielsweise auch "Vom ICH zum WIR" -, doch noch niemals sind die praktischen Versuche, eine Gesellschaft unter solchen Gerechtigkeitsprinzipien zu errichten, gut gegangen. Alle sind gescheitert! Jesus wurde an das Kreuz genagelt, die Wiedertäufer wurden in Käfigen an den Turm des Doms zu Münster gehängt, damit sie von den Vögeln gefressen werden.

Auch der letzte große Versuch, ein sozialistisches Weltsystem zu errichten, welches sich der kapitalistischen Globalisierung entgegenstellen wollte, ist gescheitert. Kläglich!

Und was funktioniert? Besser denn je? Der gnadenlose Konkurrenzkampf, die Auslese, das Recht des Stärkeren!

Die Niederlage der so genannten "sozialistischen Staaten" gegen die "kapitalistischen" - und gegen sich selbst! - war letzter Beweis, dass es nie möglich sein wird, ganze Völker auf Gerechtigkeit und Solidarität einzuschwören. Der Mensch als Masse unterliegt den Gesetzen des Lebens - den Gesetzen der Natur. Unausweichlich, unentrinnbar!

Selbst einzelne Exemplare, die intellektuellen Ausnahmen der Gesellschaften, die sich mit Geisteskraft und Selbstverleugnung um ein Anderssein bemühen, bleiben in diesen Gesetzmäßigkeiten gefangen - und sei es in nur wenigen Bereichen! Ihnen geht es diesbezüglich wie dem Umweltschützer, dem es nicht gelingen will, bei der Zerstörung der Umwelt nicht mitzuwirken. Es geht einfach nicht ohne Strom, ohne Auto, ohne Eisenbahn, ohne Kleidung. Die Selbsterhaltung ist nicht ausschaltbar. Dafür gibt es am Menschen keinen Schalter.

Die einzige Gesellschaftsform die es gibt, ist die, in der es einen ständigen Kampf der Individuen um ein möglichst langes sattes und von Genüssen reiches Leben gibt; in der versucht wird, der eigenen Brut mehr Macht zu vererben, als andere der ihren. Nennen wir diese einzige, bisher in der Geschichte immer obwaltende und immer gut funktionierende Gesellschaftsform den "Polemismus" - nach dem griechischen Wort polemos / Kampf.
Sklavenhaltergesellschaft, Feudalismus und Kapitalismus sind nur Unterabteilungen.

Erinnert sei hier an den griechischen Philosophen Heraklit: "polemos pater panton" - Der Kampf ist der Vater aller Dinge! Oder auch an Thomas Hobbes, der bezüglich der menschlichen Gesellschaft von "bellum omnium contra omnes" - Krieg aller gegen alle - spricht.

Sozialismus hat es bisher noch nicht gegeben. Das, was man Sozialismus nannte, war nichts als eine zeitweilige Stagnation bei der Wiederbelebung der Kräfte der Konkurrenz, des Kampfes. Diese Stagnation oder Ermattung war wohl in Deutschland/Ost wesentlich dem großen Erschrecken geschuldet, welches sich einstellte, als klar wurde, wozu ein allzu ungestümes, brutales Vorgehen beim Kampf, bei der Auslese geführt hatte. Das Tausendjährige Reich drückte mit millionenfachem Mord auf das Gewissen der Menschen.

Eine sozial abgefederte Variante der natürlichen Gesellschaftsform des "Polemismus" - beispielsweise die so genannte "soziale Marktwirtschaft" der Bundesrepublik Deutschland in den Jahren zwischen 1955-90 - in welcher allen Mitgliedern der Gesellschaft eine Grundversorgung für die Existenz zugestanden wird, ist keine grundsätzlich andere Gesellschaftsform, es ist nur eine, die die Evolutionsgeschwindigkeit, die Auslese, etwas abbremst, um einen gesellschaftlichen Frieden zu erzeugen. Ähnliche Varianten von "Burgfrieden" gab es auch in früheren Jahrhunderten. In manchem Fürstentum liebte man den Herrscher als Vaterfigur, weil er den Untertanen etwas an Lebensfreude gönnte. Die Friedlichkeit hielt immer und überall nur für kurze Zeit an. Dann besann man sich wieder auf das uralte Menschenrecht - auf das Recht des Stärkeren.

Und die Zeiten der Friedlichkeit waren immer bestimmten Zwängen geschuldet. Meistens war Friedlichkeit das kleinere Übel gegenüber der Gefahr, die Macht ganz zu verlieren.
Ohne die Existenz des sozialistischen Lagers hätte es die soziale Marktwirtschaft niemals gegeben. Ohne die Angst vor den aufgescheuchten Bauernhorden - man hatte es ja im Bauernkrieg gesehen! - hätte es keine Leibrenten gegeben, der "Zehnt" wäre nicht abgeschafft, sondern eher zum "Zwanzigst" geworden und die Leibeigenen würden noch heute mit den Schweinen aus einem Trog fressen.
Beim Kampf verschiedener Klassen gegeneinander, kann es zur Verzögerung in der natürlichen Evoluti-

onsgeschwindigkeit kommen. Wenn gleiche Kräfte gegen einander stehen, kann sogar zeitweilig Stillstand eintreten - Frieden!

Die Welt war vierzig Jahre lang - relativ - friedlich, nämlich als sich die beinahe gleichstarken Kräfte des so genannten "Sozialismus" und des kapitalistisch-imperialistischen Polemismus gegenüber standen.

Welche Kraft - nach dem Untergang des "Sozialismus" (der wie gesagt noch gar kein richtiger war) - sollte es nun noch geben, die noch einmal den Kräften der Profitgier des Kapitals trotzen könnte? Die "Müslifresser", die "Umweltschützer", die "Tierschützer", die "Heiligen der letzten dreizehn Tage"? Oder die "dritte Welt"?

Die "dritte Welt" besitzt zweifelsfrei ein Potential, welches die Kräfte des globalisiert wirkenden Kapitals bremsen kann, das heißt, zwingen kann, den Menschen der dritten Welt ein Lebensrecht zu gewähren. Dieses Potential an Macht deutet sich gegenwärtig mit dem "Terrorismus" bereits an. Doch eine Lösung auf Dauer, ein Gleichgewicht auf längere Zeit ist unwahrscheinlich. Die potentiell vorhandene Macht der dritten Welt findet ihr Ziel, ihre Sehnsucht in der kapitalistischen Welt oder in einer orthodox-religiösen Welt. Das sind keine echten Alternativen. Die dritte Welt wird früher oder später in die erste Welt aufgehen, sich integrieren, Stück für Stück - und dann... dann wird die natürliche Gesellschaftsform des "Polemismus" wieder normale Ge-

schwindigkeit aufnehmen bei der Ausschaltung von Konkurrenz, beim Kampf einer gegen den anderen!
Und wenn es nicht eines Tages zu einer kollektiven Katastrophe kommt - ein Meteorit, eine Seuche, ein radioaktive Verseuchung etc. - dann wird am Ende der Zeit - denn ohne Menschen gibt es keine Zeit! - ein einziger Mensch übrig bleiben, der stolz auf sich, aber sehr einsam verrecken wird. Einer, der am Ende der ewigen Ausrottung steht, die man Evolution nennt. Es gab auch den letzten Saurier! Oder den letzten Neandertaler. Oder die letzte Beutelratte.

Eine Entwicklung der Menschheit in eine neue Lebensform ist nicht möglich. Punkt!

Es kann für die Menschheit nur um die Frage gehen, wie sie die Geschwindigkeit des permanenten Unterganges, des unablässigen Sterbens bremsen kann. Und das kann sie nur, wenn sie die natürliche Gesellschaftsform, den "Polemismus", außer Kraft setzt, neutralisiert.
Die Menschheit braucht eine Gesellschaftsform, die nicht funktioniert! Nicht funktioniert im Sinne der Naturkräfte, nicht im Sinne der Evolution funktioniert, nicht im Sinne der Natur des Menschen - des Selbsterhaltungstriebes!
Und die wird es nicht geben. Es tut mir leid.
Richten wir uns darauf ein, dass wir sterben müssen - individuell und kollektiv!
Finden wir uns endlich - nach reichlich fünftausend Jahren Zivilisation - damit ab, dass der Mensch auch

nur ein Tier ist, ein Naturwesen. Ohne wenn und aber!

In seiner Gesamtwirkung könnte man den Menschen auch als Seuche bezeichnen. Kraft einer einzigartigen Fähigkeit, der des kreativen Denkens, die kein anderes Lebewesen besitzt, gelingt es ihm im Kampf um das Überleben alle anderen Lebewesen zu übertrumpfen, sich aber gleichzeitig der eigenen Lebensgrundlagen zu entziehen, sie zu "vernutzen".

Diese Fähigkeit des Menschen ist in der Natur nicht "vorgesehen" - sie ist ein Auswuchs der Natur. Und die Natur funktioniert gnadenlos - was ihren Prinzipien widerspricht, stirbt aus. Früher oder später.

Oder sollte man wirklich die Fähigkeit des Denkens des Menschen als Krönung der Natur betrachten?

Und schon wieder glimmt auch bei mir die Hoffnung auf, dass die Menschheit dazu "berufen" sein könnte, die Natur zu überwinden und unsterblich zu werden.

Blödsinn!

Diese Hoffnung ist ebenso blödsinnig, wie die Hoffnung auf einen Gott. Wenn man allen Tatsachen, die bisher erkannt sind, in das Auge schaut, gibt es für Gott ebenso wenig Platz, wie für die Hoffnung, dass der Mensch jemals seine Natur verleugnen könnte.

Und so wird die Menschheit in der Gesellschaftsform, in der sie schon immer gelebt hat, ihrem Ende entgegen gehen. Irgendwann. Demnächst?

Juli 2004

Der Mensch ist die Utopie
Gedanken eines fröhlichen Zeitgenossen

Einerseits scheint es mir an der Zeit zu sein, wieder mal über die Gründe und Abgründe des Lebens und der Welt neu nachzudenken. Anderseits scheint mir das höchst überflüssig, weil eigentlich alle Welt glaubt, alles bedacht zu haben, was zu bedenken sein könnte. Man kann nicht auf neue Erkenntnisse - oder **Erdenknisse** – stoßen, nirgendwo! Tausende Menschen auf dieser Welt, gebildete und kluge Leute, denken über die unterschiedlichsten Dinge nach, denken vor, denken zurück... und kommen schließlich immer wieder zu irgendwelchen Resultaten, die im Prinzip schon längst bekannt sind. Die entscheidenden Antworten auf die entscheidenden Fragen der Gegenwart, bleiben trotzdem aus. Wie soll der Mensch sich selbst überleben? Ist der Suizid der menschlichen Rasse die einzige Rettungschance für die Natur? Was müssten die Menschen tun oder lassen, um sich die Erde als Lebensraum erhalten zu können? Sind Degeneration und Exitus der Menschheit unvermeidbar?
Und:
Was bringen die neuesten wissenschaftlichen Erkenntnisse an Fragen mit sich?
Sind irgendwo Chancen für neue Antworten zu finden?
Dabei:
Es gibt die Antworten! Schon lange!

Auf alle diese Fragen gibt es tausende Antworten - also, eine derartige Menge an Antworten, dass es letztlich so erscheint, als gäbe es gar keine. Die Wahrheit ersäuft im Sumpf der Antworten und Meinungen.

Die Wissenschaften haben tatsächlich in den letzten Jahrzehnten mit ungeheurer Geschwindigkeit eine ungeheure Menge an Erkenntnisdetails angehäuft, die Technik hat Tatsachen geschaffen, von denen ich als Kind nicht geträumt habe. Zu allen Bereichen des Lebens und des Denkens gibt es tief schürfende Pamphlete, Aufsätze, Bücher, etc. pp., aber aus dem angehäuften Wissen, aus der Flut der Findungen und Erfindungen folgt keine einheitliche Strömung Richtung Vernunft oder Barmherzigkeit. Nirgendwo ist eine Sicht auf die Vielheit der Dinge dieser Welt zu erkennen, die die Welt zu einer Einheit fügen, zu einer Denkeinheit fügen könnten. Zu einer Denkeinheit, aus welcher Perspektiven für menschliches Handeln erwachsen könnten.

Philosophie gibt es zumeist nur noch als historische Disziplin. Gesellschaftliche Perspektiven, Utopien, Modelle des Zusammenlebens der Menschen, welche das Überleben der Menschen möglich erscheinen lassen, sind nicht vorhanden. Jedenfalls nicht im öffentlichen Bewusstsein. Sollten sie irgendwo in dunklen Schüben wurmstichiger Schreibtische liegen, ist das nicht von Belang. Ideen beginnen ihre Existenz zwar auf dem Papier oder im Computer, aber zu Leben werden sie erst erweckt, wenn sie von vielen Menschen aufgegriffen werden und zu Motiven der aktiven Lebensbewältigung dienen.

Die Idee, die zur materiellen Gewalt werden könnte - um mit Marx zu sprechen -, wenn sie die Massen ergreifen würden, ist jedenfalls gegenwärtig nicht zu orten. Nirgends! Alles nur intellektueller Müll, was zu finden ist. Sperrmüll.

Es existiert kein komplexer Denkansatz für das Fortbestehen der Menschheit. Für die Unvermeidbarkeit des Untergangs gibt es genügend Begründungen, Behauptungen und Beschwörungen. Die Apokalypse ist das Lieblingskind der Denker geworden.

Keiner weiß also, wozu das alles gut sein soll, keiner weiß, wo es hinführen wird, wenn es so oder nur ein bisschen anders weitergeht wie bisher, keiner kennt Zweck und Sinn dessen, was wir da so treiben, weil es eben keine Idee dafür gibt. Damit will ich noch nicht entscheiden, ob es überhaupt einen Zweck oder Sinn geben könnte! Und viele schließen einfach die Augen und leben ihre Tage bis zum Ende ihrer Tage, oder sehen einfach nur schwarz und beschwören den apokalyptischen Untergang der Menschheit. Auch die Flucht in irgendeinen Glauben an irgendeine überirdische oder gar außerirdische Macht ist durchaus in Mode gekommen, bedeutet aber nichts Anderes, als eine Art von Ablenkung, Rausch, Betäubung... wer sprach doch gleich von Religion als Opium fürs Volk?! Das ist so, trotz aller bisherigen Philosophie.

Weisheit und Vernunft vererben sich leider nicht.

Nur materieller Reichtum häuft sich immer mehr an - von Generation zu Generation. Von Philosophie - von Liebe zur Weisheit - bleibt letztlich ein höhnisches Lächeln derjenigen, die - thronend auf Bergen von Kapital - Weisheit und Vernunft nicht benötigen. Weisheit und Vernunft - Philosophie also - basiert nämlich immer auf dem Gedanken, dass es darauf ankomme, als Einzelner unter und mit Vielen leben zu können. Philosophie wollte immer das Miteinander der Menschen regeln; den Platz bestimmen, den jeder Einzelne im Gefüge der menschlichen Gesellschaft einnehmen sollte. Die Rolle des materiellen Besitzes wurde sträflich vernachlässigt. Ab einer bestimmten kritischen Menge angehäuften Kapitals pfeift der Mensch auf Philosophie, oder er betreibt sie als Hobby.

Auch in der Philosophie eines Marx, oder anderer Denker, die den sozialen Aspekten der Gesellschaft starke Aufmerksamkeit schenkten, findet sich nicht ein Hinweis darauf, dass die Reichen und die Gebildeten notfalls auf Philosophie verzichten können, und die Armen und Bedürftigen keine Chance haben, Philosophie zu konsumieren und danach zu leben. Die einen also, brauchen keine Philosophie - den anderen nützt sie nichts, weil sie sie nicht verstehen können.

Also, Schluss mit der Philosophie!

Der große Versuch des kommunistischen Weltsystems, die Massen und Mehrheiten hinter eine Philosophie zu bringen - Weisheit und Vernunft obwalten zu lassen -, eine Ideologie zu verbreiten, die

die Interessen dieser Mehrheiten berücksichtigt, ist an der Unfähigkeit der Massen gescheitert, die Philosophie aufzunehmen. Sie waren ein zu ungebildetes Volk. Und sie werden es bleiben.

Nebenbei:
Mit sinkendem Bildungsniveau steigt im Mensch der tierische Drang, stark sein zu wollen. Die Bereitschaft zur Solidarität mit anderen nimmt ab. Die Solidarität der Armen bricht sofort auseinander, sobald einer die Möglichkeit erhält, eine Bockwurst mehr fressen zu können, als der andere. Die romantisierende Verklärung der unteren Volksschichten unter dem Motto "arm aber ehrlich" oder "edel und hilfreich" oder ähnlich, ist ein Krebsschaden aller sozialistischen Denker bisher. Nur die Not schweißt die Armen teilweise und temporär zusammen.
Wenn man also eine Gesellschaft schaffen will, in der auch die unteren Schichten ein leidensarmes, erfreuliches Dasein fristen können, muss man sie dazu zwingen. Man kann Steine nicht überzeugen, nicht hart zu sein.
Also, Schluss mit der Philosophie!
Philosophie ist der Versuch, den Menschen Erklärungen zu liefern, die ihnen angenehm sind. Verschiedene Menschengruppen mit verschiedenen Interessen ergeben verschiedene Philosophien.
Zum anderen ist Philosophie eine Leidenschaft - ein Vergnügen - ein Hobby - ja, kann eine Sucht werden.

Schon die Grundfrage* der Philosophie - nach dem Sinn des Lebens - ist in sich bereits Philosophie; stellt eine Behauptung dar. Eine philosophische These. Nämlich die These: Es könnte einen Sinn geben. Die bisherigen Antworten sind ganz verschieden - manche verknüpfen den Sinn an ein höheres Wesen - an einen Gott -, manche nur an die Aufgabe, die Menschheit voranzubringen, indem man seinen biologischen Beitrag leistet. Aus diesen Antworten entspringen dann die Lebensregeln, die aufgestellt werden und die den Einzelnen befähigen können, sinnvoll und philosophiegefällig zu leben.

Natürlich gab es immer wieder Denker und Künstler, die die Sinnlosigkeit des Lebens insgesamt - also des Lebens der Menschen sowie des Lebens im Sinne der gesamten organischen Materieformen - aus tiefster Verzweiflung heraus oder Anbetrachts der Unendlichkeiten von Raum und Zeit postuliert haben. Manche sogar in der Konsequenz der persönlichen Beseitigung.

Unterstellen möchte ich allerdings, dass in Kulturen, wo ein Gottesglaube tief in der Gesellschaft verankert ist (und das betrifft letztlich alle bisherigen Kulturen!), die Mehrheit dieser Suizide von der heimlichen Hoffnung, auf ein Leben nach dem Tod begleitet und begünstigt wurden. Sich in der gnadenlosen Gewissheit selbst umzubringen, für alle Ewigkeit keinerlei Existenzchance mehr zu haben, wäre Idiotie - oder ein Akt der Gnade. Letzteres könnte ich mir vorstellen, wenn die Lebenssituation nur noch Schmerz und Leid bedeutet.

Hingegen ist - solange man noch einigermaßen zu körperlich-geistigem Genuss fähig ist - der Suizid im Wissen um die Endgültigkeit des Abtrittes eine Inkonsequenz.

Wer von der Sinnlosigkeit des Seins wirklich überzeugt ist, der... - nein, anders: Nur der beweist, dass er von der Sinnlosigkeit des Seins tatsächlich überzeugt ist, der das Sein annimmt, und nicht glaubt, durch sein Nichtsein etwas Sinnvolles tun zu können - ein Zeichen zu setzen gar, oder ähnliche Dummheiten!

Aber die Rolle der Philosophien - ich betrachte alle Weltanschauungen und Religionen als Philosophien; als Versuche, sich die Welt zu erklären, die man nicht verstehen kann, um daraus Lebensregeln ableiten und begründen zu können, die das Leben in der Gruppe möglich machen -

...also, die Verdienste der Philosophien in der Geschichte der Menschheit sind anderseits unbestritten. Ja, ich möchte sagen, dass ohne diese Philosophien - vom simpelsten Götzenglauben bis zum Hegelsschen Idealismus - keine Menschheit existieren würde. Die Philosophien jeglicher Art haben das wilde Wesen der Menschen gebändigt; waren das Korsett, auch das Joch, in welchem der Mensch gezügelt wurde.

Dabei ist die unbestreitbar wirkungsvollste und erfolgreichste Art von Philosophie - das Joch der Joche! - bisher die Art, die von einem höheren Wesen, einem Gott, ausgeht, dem der Mensch Rechenschaft schuldet und der strafen kann, wenn der Mensch nicht nach den Regeln der Gruppe lebt. Die Angst vor dem Fegefeuer hat sicher nicht alles Leid in der Welt lindern können, dürfte aber einigen Millionen von Menschen ein erträgliches Leben geschenkt haben. Der ungezügelte starke und mächtige Mensch ohne Angst vor einer höheren Instanz ist purer Horror.

Die Situation in der Welt ist allerdings gegenwärtig die, dass es keine herrschende, allgemein anerkannte Philosophie gibt (wenn es sie überhaupt jemals gegeben haben sollte). Der Glaube an ein höheres Wesen, welches das Tun der Menschen kritisch beobachtet, ist ziemlich lädiert. Nicht zuletzt auch durch die Erkenntnisse der Wissenschaften über die Evolution und die Zusammenhänge im Mikro- und Makrokosmos.

Mit der Zerschlagung des sozialistischen Lagers starb die letzte Philosophie - die marxistische (die - es sei mir gestattet, dies ohne weitere Begründungen anzumerken - eine ziemlich plumpe Verfälschung der Ideen von Marx, Engels und Lenin darstellte) , die staats- und rechtstragend gewesen ist und das Leben der Menschen in allen Bereichen beeinflusst hat. Aber übrigens eben nur das Leben der Menschen, die sich über Ideen und Argumente beeinflussen ließen! Und das waren viel zu wenige, um eine Gesellschaft zu errichten, in der die marxistischen Ideen leben konnten.

Dass in der sozialistischen Welt, die kommunistischen Führungsparteien in ihrer praktischen Funktion zu einer Art Ersatzgott wurden, entspringt aus der Notwendigkeit, den Massen einen Gott geben zu müssen; einen allwissenden, gütigen, aber streng strafenden! Die Stasibosse in der ehemaligen DDR waren so gesehen nichts anderes als die Erzengel Gottes, die die Abtrünnigen und Sünder in die Hölle schaffen konnten.

Die Pervertierung der marxistischen Ideen begann, als die Menschen, die nichts begriffen hatten, anfingen vorzugeben, Marxisten zu sein. Doch auch wenn die Menschen in den sozialistischen Ländern aus edlerem Holz geschnitzt gewesen wären, war der Versuch, eine gerechte Gesellschaft aufzubauen, sinnlos. Die Voraussetzungen fehlten - ideologisch und ökonomisch.

Nun heute existieren in der Welt alle möglichen, teils pervertierte Religionen und die diffusesten Weltanschauungen, die man sich nur ausdenken kann. Auch im zivilisierten Deutschland, der anerkannten Hochburg des Denkens und der Philosophie, weiß keiner, welche Philosophie eigentlich momentan das Tun und Denken bestimmt, welche den Gipfel des Denkens darstellt. Bestenfalls ist die Formel „es muss sich rechnen!" als philosophisches Vehikel auszumachen.

Als im antiken Griechenland die Philosophen begannen, ihre "Liebe zur Weisheit" zu entdecken - und diese gegen die Weisheit der Götter zu stellen begannen -, glaubten sie ja daran, den Gipfel der Weisheit und der Wahrheit erklimmen zu können; sie ahnten nicht, welches Chaos sie heraufbeschwören würden. Heerscharen von bezahlten Philosophen an den Universitäten und Instituten puzzeln immer wieder neue Zusammenhänge und Unterschiede zwischen den einzelnen Philosophien und Philosophen hervor, finden in den Ismen des Mittelalters Ansätze für die Ismen der Moderne und schließen den Kreis hin und zurück zur Antike. Die "Liebe zur Weisheit" gebar das "Wirrwarr"!

Rückkopplungen des philosophischen Denkens auf das reale Leben sind nach wie vor nur in Form religiöser Vorschriften und Glaubenssätze vorhanden. Wie auch sollte es einem Menschen gelingen, der geistig gesund ist und nicht dafür bezahlt wird, sich täglich mit all den philosophischen Ergüssen irgendwelcher gehirnamputierten Professoren zu beschäftigen, Lebensanleitung zu finden?

Der größte Irrglaube der Philosophen ist ja, zu glauben, dass wenn sie in ihren Elfenbeintürmen herum philosophieren und geistige Onanie betreiben, es von den Milliarden von Menschen dieser Erde irgendeinen ernsthaft interessieren könnte. Wobei der Eifer der Aufklärer beispielsweise noch Respekt abnötigt, ob des guten Wollens. Doch, was nützt alles Gewolle, wenn es niemanden gibt, der den Faden auffängt?!

Was nützt dem Kant der kategorische Imperativ, wenn es niemanden gibt, der versucht ihn anzuwenden, zu leben?

Erstens fehlt den Mehrheiten die Zeit - man ist damit beschäftigt, das nackte Dasein zu bewerkstelligen -, zweitens fehlt die Bildung, um das geschraubte Kauderwelsch in handhabbare Sprache übersetzen zu können, und drittens glaubt eh jeder, das denken und meinen zu dürfen, was ihm in den Kopf steigt. Und eben - Hauptsache es rechnet sich!

Marx sagte, dass die Philosophen die Welt interpretiert hätten, es gälte aber, sie zu verändern!

Auch hier tritt dieser Irrglaube deutlich zu Tage; der Irrglaube, es könnte jemanden geben, der die Welt nach den Regeln einer Philosophie - und sei sie der Weisheit letzter Schluss -, verändern will. Keiner! Es sei denn nach seiner eigenen, so er eine hat.

Mittlerweile ist Philosophie entartet; sprich, sie hat sich von ihrer ursprünglichen, selbst gewählten Aufgabe verabschiedet. So wie auch die Kunst. Eingreifen in aktuelle gesellschaftliche Prozesse, Beeinflussung der Art und Weise der Lebensgestaltung der Menschen ist nicht mehr das Ziel - weder von Philosophie noch von Kunst! Reales Leben taucht in den künstlerischen Abbildungen höchstens als Staffage auf, als Milieu. Man hat vor der Machtlosigkeit, vor der erbarmungslosen Walze des Seins resigniert. Man versucht gar nicht erst, sich aufzuregen und eingreifen zu wollen. Man malt seine Bildchen, man schreibt seine Fiktionen, man denkt seine Gedankchen... Kunst und Philosophie haben sich ihre Nischen geschaffen, Künstler und Philosophen sind zu Sektenführern geworden.

Ausgenommen sind alle die Künstler und Philosophen, die ich nicht kenne, die keiner kennt, die in dieser Gesellschaft auch keiner kennen will. Es genügt wenn man jemanden kennt, der jemanden im Ministerium oder in der Vorstandsetage kennt. Kompetentes Durchdenken und Werten der Wirklichkeit ist nicht gefragt. Man müsste ja dann, wenn man fragen würde, womöglich erkennen, was man für einen Scheiß betreibt. Man müsste sich ja womöglich schämen für das, was man tut! Das geht zu weit!

Die katholische Religion hat für den Fall, dass man sich vor Gott für all seine bösen Taten schämen
müsste, die geniale Möglichkeit der Beichte mit nachfolgender Absolution erschaffen. Mit diesem Trick war es den Herrschern des Mittelalters (welches in vielen Regionen der Erde - von Bayern bis Afghanistan - noch nicht beendet ist) möglich, fromm, gottesfürchtig und zugleich grausam zu sein. Dieser Trick ist ein Zugeständnis an die Mächtigen, um die Philosophie - den Glauben an einen Gott - retten zu können. Die hätten in der Geschichte, und die würden sonst heutzutage einfach nicht mehr mitspielen!

Die Grausamkeit und Brutalität der heutigen, modernen Herrscher - ob in Politik oder Wirtschaft oder in den Banken - muss nicht vergeben werden. Man muss nicht erst beichten. Die konsequente Orientierung auf den eigenen Bauch ist gesellschaftlich von vornherein - ad hoc - abgesegnet. Man ist sich einig. Der Konsens heißt: Wenn es sich rechnet!

Und plötzlich ruft die Gesellschaft: Eh, Philosophie, du alte Hure, was machen wir denn nun mit den geklonten Menschen, was machen wir mit den Eingriffen in das Erbgut, wem gehören die genetischen Codes? Wem gehört der Mond? Wem gehört das Öl? Wem gehört das All, samt schwarzen und weißen Löchern?

Und die alte Hure schielt in den Himmel zum lieben Gott und hofft auf seelischen Beistand.

Natürlich habe ich bei der Behauptung, dass keiner recht wüsste, was er nicht weiß, nur den Teil der Menschen im Auge, die sich auf dem Kulturniveau der spätbürgerlichen Gesellschaft befinden und von ihrer individuellen Voraussetzung her zu Selbstreflektion und Weltanschauung grundsätzlich fähig sind. Jene, die eigentlich wissen möchten, wenn sie wüssten, dass sie nichts wissen. Ich habe also eine verschwindende Minderheit im Auge, wenn ich davon spreche, dass man sich als Mensch über gesellschaftliche Zusammenhänge und Perspektiven verständigen müsse und könne.

Den Mehrheiten auf der Erde sind Perspektiven solange scheißegal, solange sie das primäre Ziel, täglich satt zu sein und nicht frieren zu müssen, nicht erreicht haben. (Wenn ich mich mit diesem Aspekt wiederholen sollte, dann möchte ich gleich zugeben, dass mir diese Wiederholung nicht zum letzten mal unterlaufen sein wird!) Die Masse ist bauchgesteuert. Oder höchstens minimal über den Bauch hinausgehend - unterleibsgesteuert! Allerdings muss darauf verwiesen werden, dass auch die größten Intelligenzbomber im Falle existenzieller Not oder sexueller Mangelerscheinungen leicht von Kopf auf Unterleib umschalten können. Mühelos!

Zuerst kommt das Fressen und dann die Moral!

An dieser fundamentalen Wahrheit - hier in der Formulierung durch Bertold Brecht (man könnte auch mit Marx formulieren, dass das Sein das Bewusstsein bestimmt, aber man würde sich damit gleich der gesamten philosophischen Krümelkackerei aussetzen! Brecht ist besser, weil nicht interpretierungsbedürftig und nicht widerlegbar!) -

...also, an dieser fundamentalen Wahrheit haben sich die Philosophen von Anfang an immer wieder gern vorbeigeschummelt und ihre Theorien und Systeme in den lockeren Sand hinein entwickelt. Und nur weil der Mensch nach dem Fressen, im Zustand er individuellen Sattheit bereit ist, zeitweilig und begrenzt auch anderen Individuen ein gewisses Recht auf Lebensgenuss einzuräumen, haben sie oft genug geschlussfolgert, dass der Mensch aus dem Tierreich herausragt und eine Sonderrolle einnimmt - außerhalb der natürlichen Kreisläufe.

Zugegebenermaßen sind sie - die Philosophen aller Couleur - damit dem allgemeinen Bedürfnis der Menschen gefolgt, ihr scheinbares und offenbares Anderssein (und sei es nur vom Äußerlichen her) und Tun zu erklären, zu verklären, schönzureden. Das beginnt in der Urgesellschaft. Ein Schamane, dem es nicht gelungen ist, den Stammesmitgliedern hinreichende Beweise ihres Besondersseins (im Vergleich zu den Tieren und anderen Stämmen) zu liefern und damit zu begründen, weshalb man die anderen umbringen darf, dürfte nicht lange Schamane oder Medizinmann (oder wie die bestellten Verklärer des Seins auch geheißen haben mögen) gewesen bzw. überhaupt erst geworden sein. Tatsächlich kennen wir nur die Denker, die das gedacht haben, was die Mehrheit der jeweiligen Mächtigen gedacht haben wollte. Denken Sie mal was anderes!

Und sollte Ihnen das Andersdenken gelingen - gut! Unmöglich aber ist es, dass Ihr Andersdenken dann von den Mächtigen akzeptiert wird. Das Andersdenken eines Mitgliedes der Machtmeute kann höchstens von einer fremden Meute - rivalisierend oder historisch nachfolgend - mit Wohlwollen aufgegriffen werden.

Übrigens:

Ich bin mir nicht sicher, ob das, was ich versuche anders zu denken, nicht letztlich auch nur das ist, was eine bestimmte Meute, eine vielleicht nicht mehr in nationalen Grenzen existierende, sondern global verteilte Meute - eine nicht definierbare Mehrheit (der des Denkens mächtigen!) in der heutigen Zeit zu denken wünscht - bewusst oder unbewusst.

Jedenfalls:

Die Grundtorheit aller bisherigen Philosophie besteht in der Annahme, dass es auf der Erde Wesen gibt, die anders funktionieren, als Tiere und somit etwas – so genanntes - Höheres darstellen. Die Grundfrage aller Philosophie - nach dem Sinn des Lebens (gemeint ist letztlich der Sinn für das Leben eines so genannten Menschen) - resultiert aus dieser Grundtorheit. Man unterstellt mit dieser Frage automatisch, dass das als Mensch bezeichnete Tier anderen Daseinsbedingungen unterliegt bzw. unterliegen könnte, als Ratten, Bakterien oder Hängebauchschweine; dass sie womöglich einer höheren Bestimmung unterlägen.

Der Mensch ist eine Utopie; der Mensch ist die Utopie!

Die Philosophie war und ist die rosarote Brille, durch die sich die Menschheit betrachten wollte und will. Sie ist nicht die Lehre von der Weisheit, sondern pure Schönfärberei.

Rein statistisch setzt sich in der Welt nicht die von Philosophien und Religion beschworene so genannte menschliche Barmherzigkeit mehr und mehr durch, sondern das eigentliche Wesen der so genannten Menschen - das Tierische! Die Starken werden immer stärker! Das Leid der Schwachen nimmt zu, weil es den Starken infolge der Globalisierung gelungen ist, auch den letzten Schwachen auf den kleinen und großen Sundainseln in das Ausbeutungssystem einzubeziehen.

Lenin sprach von Imperialismus und Monopolisierung.

Böse formuliert - der Mensch ist die letzte Konsequenz des Tierreiches, der belebten Materie - keine Perversion!

Die Versuche, das Tier zu romantisieren, es im Gegensatz zum Menschen als Ausbund des natürlichen Guten zu interpretieren, sind übrigens lächerlich. Auch die niedlichsten Miezekätzchen würden eine erbarmungslose Herrschaft errichten, wenn sie dazu kräftemäßig - körperlich und geistig - in der Lage wären. Was schwächer ist, wird gefressen! Basta!

Trotzdem - oder gerade wenn man diese Grundwahrheit akzeptiert - ist das Nachdenken darüber, wie man als Mensch leben sollte, nicht sinnlos. Das Leben ist Realität. Es gilt, sich endlich bewusst zu machen, das Mensch zu sein, kein Privileg ist, sondern nur ein Zufall. Daraus entspringt kein Recht und keine Pflicht.

Wenn wir in Zukunft das Wort Mensch verwende, sollten wir definitiv eine Tierart meinen, die sich von anderen Tierarten nur in der hochkomplexen Form ihrer gesellschaftlichen Organisation unterscheidet.

Ich werde, um diesen Aspekt für mich ständig präsent zu halten, dem Wort Mensch den sächlichen Artikel zuordnen. Das Mensch - die Mensche! Analog zu: Das Tier - die Tiere.

Mai 2007

Hochbegabung - ein Gespenst geht um...

... in den deutschen Schulen! Nein, ich meine jetzt nicht die Pisa-Studien! - ich meine das Gespenst namens "Hochbegabung"! Es taucht völlig unvermutet auf und verstört Lehrer und Eltern gleichermaßen. Hochbegabung - wie gewaltig das klingt!

Unterscheiden muss man nun von vornherein, die erfolgreichen Hochbegabten und die Versager. Die erfolgreichen Hochbegabten haben sehr gute Noten und fallen ansonsten im Unterrichtsbetrieb kaum auf. Sie sind vornehmlich wohlerzogen, höflich, nett, anpassungsfähig, sittsam und was der "altmodischen" Eigenschaften mehr zu nennen wären. Sie sind die Selbstläufer jedes Schulsystems. Und diese Hochbegabten, die in der Schule ihre Begabung auch durch gute Zensuren nachweisen, werden nicht selten als Streber und Auswendiglerner abgewertet und diskriminiert. Natürlich völliger Unfug.

Auf der anderen Seite die Alpträume aller Schulsysteme - die hochbegabten Versager!

Es sind jene Kinder, die bei einem entsprechenden Test einen Intelligenzquotienten über 130 erreichen. Sie zeigen in der Schule vorwiegend schlechte Leistungen, sind Außenseiter und haben erhebliche Disziplinschwierigkeiten. Es sind meist aufmüpfige, widerspenstige, ungeduldige, laute Zappelmonster und Störenfriede - wenn man sie aus Sicht der Lehrer betrachtet.

In den Augen ihrer Eltern sind sie verhinderte Genies - Goethe, Messias, Einstein... etc. Und die böse Schule ist es eben, die mit ihren starren Strukturen die freie Entfaltung der potentiellen Genies verhindert. Allein die Schule samt Lehrerschaft trägt die Schuld an diesem Widerspruch zwischen nachgewiesener Begabung und schulischer Leistung. Die Schule hat ihre Lieblinge nicht genügend gefördert, nicht genügend gefordert, hat ihre Begabung förmlich in Langeweile erstickt. So der oft un- oder ausgesprochene Vorwurf der Eltern.

Die wahren Intelligenten sind die versagenden Schüler! Die Underachivers! Die Minderleister!

Man könnte auch formulieren: Hochbegabte Versager (Underachievers) entstehen aus schlechten Schülern, deren schlaue Eltern nicht glauben wollen, dass ihr Nachkomme dumm ist, und ihn deshalb einem Intelligenztest aussetzen.

Aber Ironie beiseite - es geht letztlich um die Frage, wie man diesen hochbegabten Versagern wirklich weiterhelfen kann. Nützt es ihnen wirklich, wenn sie erfahren, dass sie eigentlich superschlau sind und nur die Schule keine Ahnung hat, ihre Schlauheit hervorzukitzeln?

Was könnte ein wirkungsvoller Part der Schule sein? Welchen Part sollten die Eltern übernehmen?

Immer wieder finden die Eltern minder leistender "hochbegabter" Kinder Beispiele in den Biografien berühmter Denker und Wissenschaftler, die darauf verweisen, dass sich echte Genies in der Schule schwer getan haben. Dass das bei echten Genies durchaus verständlich und - aus der allgemeinen Grundkonstellation von Schule heraus - absolut folgerichtig ist, sich aber anderseits echtes Genie, echte Intelligenz nicht in der Feststellung eines IQ von über 130 erschöpft, wird geflissentlich übersehen. Diese gestandenen Genies hatten neben einem (vermutlich) hohen IQ auch noch andere hervorragende Eigenschaften, die ihnen halfen, trotz schulischer Probleme ihre Begabungen im späteren Leben zur Entfaltung zu bringen. Sie waren in einer sehr individuellen, ja vielleicht manchmal sogar sehr originellen Art intelligent. Nicht nur begabt!

Intelligenz ist etwas viel Komplexeres als Begabung. Und zum Erfolg in der Gesellschaft gehört Intelligenz. Begabung ist nicht mal die halbe Miete.

Also, um es noch mal deutlich zu sagen: Bei den Intelligenztests wird nicht die Intelligenz gemessen, sondern eine Begabung auf einem speziellen Gebiet. Die Umrisse des Gebietes sind bei den verschiedenen Tests sehr unterschiedlich.

Dass man sich über die Aussagekraft und Vergleichbarkeit der verschiedenen Intelligenztests streiten kann - und dies in den Expertenkreisen auch hinreichend tut -, wollen wir an dieser Stelle vernachlässigen. Gehen wir getrost davon aus, dass mittels dieser Tests festgestellt werden kann, welche Kinder am schnellsten bestimmte Aufgaben lösen können. Der Fehler liegt allein darin, dass man glaubt, mit den Tests die Intelligenz messen zu können, bzw. gemessen zu haben. Um Lösungswege, Hilfsstrategien entwickeln zu können, muss man sich vorrangig mit der Frage beschäftigen, was denn Intelligenz wirklich ist und welche Rolle für die Intelligenz jene Begabung spielt, die mittels so genannter Intelligenztests ermittelt werden kann. Welche Bedeutung hat die spezielle Begabung für die Persönlichkeitsentwicklung? Wie muss sie abgefedert und ummantelt werden?

Es wäre beispielsweise auch ein fataler Irrtum, wenn man glauben würde, dass ein Kind, welches mit zehn Jahren bereits 2 Meter groß war, ein guter Basketballspieler geworden wäre, wenn man ihm nur rechtzeitig einen Ball gegeben hätte. Nein, das Kind hat zwar sicher mit seiner Länge von 2 Metern gute Voraussetzungen, ein Basketballspieler werden zu können, aber ob es einer wird, hängt von vielen anderen Dingen ab - Körperbeherrschung, Koordination, Kondition, Mannschaftsgeist, Ehrgeiz, Ausdauer usw. usf.

In der Psychologie beginnt sich die Erkenntnis durchzusetzen, dass letztlich das Kriterium für Intelligenz nur der Erfolg ist, der Erfolg bei der Bewältigung der Probleme des alltäglichen Lebens.
Anders gesagt: Versager sind nicht intelligent! Können nicht intelligent sein, sonst würden sie nicht versagen. Sie sind eben nur begabt!
Versager können also hochbegabt sein, können 2 Meter groß sein, können viel wissen, aber sie besitzen nicht die Intelligenz, ihre Möglichkeiten nutzbringend zu koordinieren.
Neben der analytischen Intelligenz, die vorwiegend im IQ-Test gefragt ist - wird in den letzten Jahren

noch von interpersonalen, emotionalen und praktischen Fähigkeiten gesprochen, die zur Intelligenz
gehören.

Weitere Sorten von Intelligenz sind beispielsweise -
logisch-mathematische, sprachliche, musikalische,
räumliche, körperlich-kinästhetische, interpersonale
und intrapersonale.

Sicherlich könnte man nun diesbezüglich eine end-
lose Diskussion beginnen, ob denn das nun alle Intelligenzen seien, die man sich ausdenken kann, aber
wesentlich ist der Gedanke der Existenz unterschied-
licher, aber gleichwertiger Intelligenzen.

Hier möchte ich allerdings vorschlagen, nicht von
Intelligenzen oder Fähigkeiten, sondern von Begabungen zu sprechen, und den Begriff der Intelligenz
auf die resultierende Wirkung aller Begabungen anzuwenden (was ich im Folgenden auch so handha-
ben möchte). Auch Fähigkeit ist eine bereits in das
Praktische umgesetzte und nachgewiesene Begabung.

Ein Mensch ist intelligent, wenn er es versteht, aus
dem Cocktail seiner Begabungen etwas zu machen,
was ihm nützt; eine Lebensstrategie zu entwickeln,
die ihm hilft, sich in der Gesellschaft erfolgreich
durchzusetzen.

Darf ich an dieser Stelle an die sehr beliebten Kino-
helden erinnern - die hochintelligenten Schwerver-
brecher? Die Superhirne!

Es ist bei der Beurteilung von Intelligenz sicherlich
dann auch die Frage gestattet, ob die Intelligenz mo-

ralisch positiv oder moralisch verwerflich eingesetzt wird. Aber das ist ein sekundärer Aspekt.

Wichtig bleibt also die Feststellung: Wenn jemand hochbegabt ist - egal auf welcher Strecke, egal in welchem Bereich - dann braucht er noch viel Normales hinzu, bevor aus der Begabung ein Teil von Intelligenz werden kann.

Eine weitere Frage ergibt sich für mich aus der Tatsache, dass eine Begabung alleine - und sei sie noch so außergewöhnlich - wenig nützt. Wenn das so ist, ist dann die Hochbegabung nicht eher eine Krankheit - eine Anomalie - auf die man ganz und gar nicht stolz sein sollte?

Verhindert eine einseitige Höchstbegabung womöglich die Entwicklung einer umfassenden und ausgewogenen Intelligenz?

Ist ein breit angelegter Begabungscocktail - also Begabung auf den vielen möglichen Feldern - der wünschenswertere Fall?

Das bisher Gesagte mag relativ unstrittig und durchsichtig erscheinen, stellt aber die Hochbegabten-Diskussion in der bisherigen Orientierung vor große Probleme: Sind die hochbegabten Wunderkinder, die von ihrer Begabung kaum etwas erkennen lassen, womöglich bloß verzogene Bälger? Sind sie jene superlangen Latten, die schon nach drei Schritten einen Knoten in den Beinen haben und lang auf die Nase hinschlagen, noch bevor sie auch nur in die Nähe eines Balles kommen?

Natürlich ist das so!

Sie haben - um im Bild zu bleiben - einfach nicht gelernt, ordentlich geradeaus zu laufen.

Und um den so genannten Underachievern, den Minderleistern mit den hohen IQs zu helfen, muss man ihnen nicht dort helfen, wo sie ihre Begabung besitzen, sondern dort, wo sie Defizite aufweisen. Und die größten Defizite scheinen mir - ich spreche jetzt aus persönlichen Erfahrungen, weniger aus wissenschaftlicher Analyse heraus - bei solchen hochbegabten Versagern im Bereich von Disziplin, Konzentrationswillen, Ehrgeiz, Geduld, Bescheidenheit, Ausdauer, Folgsamkeit etc. zu liegen. Also bei solchen Begabungen - interpersonalen Fähigkeiten? - und Eigenschaften, die wesentlich von den Eltern im Vorschulalter geprägt oder nicht geprägt werden, und die bekanntlich später nur sehr schwer zu verändern und zu beeinflussen sind. Schon gar nicht von Schule und deren Personal!

Kinder, die nie gezwungen worden sind, bestimmte Regeln einzuhalten, ihre Affekte zu beherrschen, sich an andere Menschen anzupassen, einfach mal stillzusitzen und ein gutes Benehmen zu zeigen, müssen dann in einer Schule, wo sie nicht mehr Mamas Liebling, sondern eines unter vielen sind, Schwierigkeiten haben oder gar scheitern. Nicht selten sind sie wie erwähnt Außenseiter und werden von den anderen Kindern gemieden. Und das nicht, weil sie so begabt sind, sondern weil sie einfach mit anderen nicht Freund sein können. Weil sie es nicht gelernt haben, das eine oder andere Mal zurückzustehen, nachzugeben, mit anderen zu teilen oder mit anderen solidarisch zu sein.

Die alte gute bürgerliche Erziehung zu Ordnung, Sitte, Fleiß, Sauberkeit, Gehorsam... - oder wie man das auch immer definieren oder diffamieren will - die Erziehung jedenfalls zu einem Verhalten, welches es Kindern möglich macht, sich unter den Bedingungen einer Gruppe, einer immer und überall existierenden Hierarchie zu behaupten und durchzusetzen, ist Voraussetzung dafür, dass sich Begabungen zu Fähigkeiten entwickeln können, die dann letztlich die Intelligenz eines Menschen ausmachen und seinen Lebenserfolg bestimmen.

Kinder müssen erzogen werden, nicht verwöhnt. Erziehung kommt nicht immer ohne repressive Elemente - Konsequenz, Strenge, Grenzen, Strafe... - aus. Das hat nichts mit autoritären oder gar gewalttätigen Methoden zu tun.

Jedenfalls - damit sich bei einem Kind vorhandene Begabungen im Umgang mit anderen Menschen zu einer erfolgreichen, also intelligenten Strategie entwickeln können, hängt wesentlich vom Erzogensein ab.

Man schaue auch in den Sport, in die Show-Branche, in die Wirtschaft... - wirklich erfolgreiche Menschen sind nicht nur intelligent, sondern immer auch gut erzogen, höflich, anpassungsfähig usw. Gutes Benehmen in seiner einfachsten Bedeutung ist es, was den hochbegabten Versagern fehlt. Ihr schlechtes Benehmen behindert sie in der Entwicklung ihrer Begabungen zu Fähigkeiten. Die Begabungen haben sie ohne Mühe von der Natur mitbekommen, aber sie haben nie wirklich gelernt, sich etwas zu erarbeiten, sich um etwas bemühen zu müssen. Es bleibt zu untersuchen, wie viele der hochbegabten Versager die Lieblinge der Familie waren - Nachzügler, lang ersehnte Wunschkinder etc.

Fleiß und Ausdauer sind jedenfalls Dinge, die den meisten der hochbegabten Versager völlig abgehen. Sie sind nur auf fatale Weise ständig aktiv und unruhig - einfach nervig.

Der geschickte und vornehmlich intellektuelle Besitzer einer hochbegabten Nervensäge - und die Eltern von Hochbegabten sind nicht selten (mehr oder weniger) Intellektuelle - wird nun sofort kontern, dass die Nervigkeit, die er nicht abstreiten will, doch letztlich ein Ergebnis der schulischen Unterforderungen sei. Die Zwänge, denen das Kind in der Schule ausgesetzt wurde, haben es deformiert. Doch dann sollte man fragen, wie denn das Kind im Vorschulalter gewesen ist. Nicht selten wird man dann die kleinlaute Antwort hören, dass das Kind schon als Baby nicht gerade einfach war. Von Bekannten könnte man härtere Urteile hören.

Ich glaube, es wäre wünschenswert, wenn die Psychologie und die Pädagogik gemeinsame Rezepte entwickeln würden, wie Eltern mit Kleinstkindern umzugehen haben, um gutes Benehmen an zu erziehen. Muss womöglich schon ein Baby lernen, mal nicht der Mittelpunkt des Universums zu sein? Mal warten zu müssen?

Dass die Vorbildwirkung der Elternteile immer die beste (oder schlechteste, aber jedenfalls wirkungsvollste) Erziehung ist, kann allerdings als wissenschaftlich gesichert vorausgeschickt werden. Aber ab wann, wirkt Vorbild?

Muss vorher nicht eine andere Art von Erziehung erfolgt sein? Eine Erziehung im Kleinstkindalter, die eben auch repressive Elemente einschließt? Weil man mit einem Baby noch nicht diskutieren kann?

Es mag sein, dass es Kinder gibt, die von ihrer Veranlagung her unerziehbar oder schwererziehbar sind, es mag sein, dass nicht alle menschlichen Exemplare von ihrer Veranlagung her die Chance besitzen, ihre Begabungen umzusetzen und ein erfolgreiche Persönlichkeit zu werden... - manchem fehlen Begabungen, mancher ist zu kurz geraden, mancher ist kränklich... aber ein gutes Benehmen kann jedem helfen, aus seinen Möglichkeiten ein Optimum heraus zu holen.

Die hochbegabten Versager stellen das Gegenteil dar - sie haben Begabung, aber keine Chance aus ihren Möglichkeiten etwas zu machen. Es sei denn, sie würden selbst beginnen, an sich und ihren Defiziten zu arbeiten. Eltern, Lehrer, Psychologen dürfen helfen. Aber zuerst müssten sie selbst wissen, weshalb sie so sind, wie sie sind. Wenn sie immer nur hören, dass sie doch ach so begabt sind und die Schule es nicht verstanden habe, ihre Begabung zu fördern, kann kein Impuls zur Selbsterziehung entstehen. Die Lehrer müssen von der Anklagebank herunter, dann könnten sie vielleicht Verbündete werden.

Auch das Ziel von Schule (und Elternhaus!) sollte man sich vor Augen halten - es ist nicht die Anhäufung von Wissen, es ist Bildung! Und unter Bildung sollte man zuforderst die Fähigkeit sehen, Dinge die man sieht, erlebt, erfühlt, erkennt - also erfährt, einzuordnen, in ein System von Grundsätzen und Gesetzen. Die Menge der Erfahrungen, die ein Mensch erwirbt - direkt oder indirekt beispielsweise durch die Kunst - macht letztlich nur dann seine Bildung aus, wenn sie sich einordnet, fügt zu einer Vorstellung von Welt und Gesellschaft. Und in der Schule sollten die Kinder natürlich lernen, was das Wissen, welches sie lernen müssen, für eine Bedeutung im Leben besitzt; wo es relevant und nützlich wird für Welt, Gesellschaft und Individuum.

Also, Begabungen brauchen als Stütze, als Skelett nicht nur die Erziehung, das Wissen, sondern die Bildung. Begabt sein, gut erzogen sein, viel Wissen - das reicht immer noch nicht für Intelligenz.

Um nun den hochbegabten Versagern helfen zu können, muss also ein Umdenken einsetzen. Sie müssen selbst ihre Begabung als Angebot der Natur begreifen, welches sie ergreifen können oder nicht. Und ergreifen können sie diese Chance nur, wenn sie sich das Ziel stellen, sich zu einer allseitig gebildeten Persönlichkeit zu entwickeln und zu erziehen. Man muss ihnen knallhart sagen, dass sie faul sind, dass sie undiszipliniert sind, dass sie keine Ausdauer haben, und dass sie sich auch quälen müssen, um ihre Begabungen zu Fähigkeiten zu entwickeln. Und man darf sie auch ein bisschen dazu zwingen - erziehen! - so lange es noch geht! Wobei man sich keiner Illusionen hingeben sollte, denn was Hänschen nicht lernte...

Ja, man muss den hochbegabten Versagern gestehen, dass bei Ihrer Erziehung in jüngsten Jahren einiges versäumt worden ist, was sie nun versuchen müssen, auszubügeln. Oder eben nicht.

August 2007

Verdrängung des Deutschen Geteiltseins

Hermann Rudolph, Herausgeber des "Tagesspiegel" - aber den Namen braucht man sich nicht merken, höchstens man will ihn schnell vergessen! - schrieb im "Merkur" 1/07 einen Artikel unter dem Titel "Die verdrängte Teilung".

Er meint dabei, die Zeit des Geteiltseins Deutschlands in zwei deutsche Staaten, nicht die Teilung an sich. Er beklagt, dass diese Zeit aus dem allgemeinen Bewusstsein verdrängt worden sei. Die Ereignisse nach der Vereinigung, die Umstürze und Veränderungen haben die vier Jahrzehnte des Geteiltseins verblassen lassen. "...abgesunken... wie ein untergegangenes Schiff in den Schlick des Meeresbodens."

Das mag für Herr Rudolph wohl so sein. Vielleicht auch für viele andere, die im westlichen Teil des geteilten Landes lebten. Aber für eine wachsende Menge an Menschen, die im östlichen Teil lebten, ist es gerade umgekehrt. Je größer der Abstand zum Ereignis des Unterganges, desto mehr scheint da kein Schiff, sondern eine Insel des Glückes untergegangen zu sein!

Die Verdrängung der Erinnerungen an die geteilte Zeit ist für Ost und West nicht gleichzusetzen. Überhaupt scheint der Begriff "Verdrängung" nicht zu treffen.

Jedenfalls wird nicht verdrängt, was jeder in diesen vierzig Jahren erlebt hat, höchstens wird es vergessen, wie man eben Ereignisse vergisst, wenn sie nicht sehr gravierend waren.

Dabei gilt wie gesagt aber grundsätzlich, dass die Menschen in den beiden Teilen Deutschlands sehr verschiedene Erlebnisse hatten. Dass sich sogar in beiden Teilen unterschiedliche kulturelle Strukturen entwickelten, unterschiedliche Kommunikationsstrategien, unterschiedliche Wertesysteme... unterschiedliche Produktionsverhältnisse!

In Hinsicht auf das Geteiltsein unterstellt nun Herr Rudolph, dass Mauerbau, Stacheldraht, Minenfelder, Todesschüsse, Stasi etc. verdrängt würden. Also alle diese fürchterlichen und grausamen Unterdrückungsmechanismen der ehemaligen DDR!
Wahrscheinlich meint Herr Rudolph, dass sich die Ostler täglich in Erinnerung daran geißeln müssten, um sich schließlich wegen der nicht verdrängten Erinnerungen zu erschießen.

Als hätten dann nicht alle Deutschen in Erinnerung an die Judenvernichtung im Dritten Reich einen viel größeren Grund den kollektiven Suizid zu vollziehen!

Nein, allein schon der ewige Schongang, den Deutschlands Politiker gegenüber dem jüdischen Israel einlegt, ist ein historischer Unsinn. Das hat nichts mit Schuld und Sühne zu schaffen. Sicher gibt es keinen Grund für einen gebürtigen Deutschen, dessen Eltern und Großeltern vielleicht noch in das

132

Naziregime mehr oder weniger verstrickt waren, auf das braune Kapitel deutscher Geschichte ausgesprochen Stolz zu sein, aber man drückt sich nicht vor der Verantwortung, wenn man darauf hinweist, dass auch andere Völker genügend Dreck am Stecken haben. Die Ideologie des Holocaust war schon lange vor Adolf in der Welt - tausendfach in der Praxis erprobt! Hatte immer geklappt! Wo immer Juden gehäuft auftraten, fand man irgendwann einen Grund, sie umbringen zu müssen. Keine deutsche Erfindung. Allerdings war es Deutschland vorbehalten, den Holocaust in einer Perfektion durchzuführen, die erschrecken muss. Aber so schnell ist die Welt nicht zu erschrecken. Das waren die Deutschen! Wir haben doch nur ein paar Indianervölker ausgerottet. Und was können wir dafür, dass die sich in Afrika mit unserem Geld und unseren Waffen gegenseitig umbringen?

Ich bin entsetzt, was Menschen sich gegenseitig antun können - aber nicht entsetzter, nur weil ich Deutscher bin. Und ich verdränge da nichts! Ich ordne es nur ein.

Und das tut der Ostler auch mit diesen Dingen wie Stasi etc. - oben genannt!

Anderseits -
die erschütternden Erlebnisse von Bundesbürgern an der Grenze bei der Einreise in den Osten, die demütigenden Kontrollen, die unfreundliche Behandlung, der Zwangsumtausch von echter D-Mark in "Aluchips" - für die man sich dann nichts kaufen konnte,

weil es nichts gab, was man sich hat kaufen wollen... außer Bücher! Dann ist man beinahe verhungert, weil es kaum Gaststätten gab, in denen freie Plätze zu bekommen waren. Und immer wieder die Renitenz dieser Ostbeamten - ob in Uniform oder in Zivil - , die einem Bundesbürger einfach nicht die gebührende Unterwürfigkeit zeigen wollten, wie man sie von der Ostverwandtschaft ansonsten gewöhnt war. Ja, das waren sicherlich gravierende Erlebnisse, für die, die das erlebt haben.

Wenn also die Erinnerung an all das im Gegenwartsbewusstsein der Gesellschaft - speziell des westlichen Teiles der Gesellschaft - kaum noch eine Rolle spielt - verdrängt worden ist - , dann bedeutet das nichts anderes, als dass es erstens rein quantitativ unerheblich war... - es waren einfach nicht so viele Menschen, die solche gravierenden Erlebnisse machen mussten, und/oder zweitens, dass diese Erlebnisse von wesentlich gravierenderen Erlebnissen überlagert wurden, weil sie eben doch nicht derartig gravierend gewesen sind. Drittens haben solche Erlebnisse eben nur Bundesbürger machen können, oder die vergleichsweise wenigen Ostler, denen eine Flucht in den Westen gelungen war.

Verdrängt kann nur etwas werden, was erlebt wurde. Die Schikanen von ostdeutschen Grenzern kann eben nur verdrängen, wer sie erlebt hat. Aber sechzig Prozent der Bundesbürger waren bis heute noch nicht in den östlichen Bundesländern! Wenn also im gesellschaftlichen Bewusstsein die Erinnerungen an solche Dinge verblassen, dann auch einfach wegen ihrer quantitativen Unerheblichkeit.

Zuforderst müsste man eigentlich klären, was die Menschen im westlichen Teil vorwiegend und was die im östlichen Teil vorwiegend erlebten in jenen vierzig Jahren des Geteiltseins.

Dann könnte man danach suchen, was vom Erlebten vergessen oder gar verdrängt wird.

Wie gesagt, der Ostler der nie vom Westen in den Osten reisen konnte, kann die Schikanen der Grenzer nicht verdrängen, weil er sie nie erlebt hat. Der Westler kann die Errungenschaften des Sozialismus nicht verdrängen, weil er sie nicht erlebt hat. Dabei ist das Wort "Errungenschaften" durchaus auch ironisch und doppeldeutig aufzufassen. Es gab Errungenschaften, die mit Sozialismus nichts zu tun hatten. Um wirklich einschätzen zu können, was in der DDR gelaufen ist, muss man stark differenzieren zwischen den Dingen, die wirklich Keime von Sozialismus enthielten, und allen anderen Dingen - Relikte von früher, Importiertes von "Drüben", Personenkult, Machtmissbrauch, Konsumdenken, Dummheit... etc.pp.

Eine andere Komponente im gesellschaftlichen Bewusstsein einer Gruppe, neben dem persönlichen Erlebnis der Individuen, sind natürlich noch die Informationen, die die Individuen aufnehmen und in das Gruppenbewusstsein einspeisen. Was haben die Menschen von ihrer Welt und der Welt ringsumher erfahren. Die Rolle der Medien als Informations- und Manipulationsapparat! Wie sah das aus - in West und in Ost?

Die Ostler schauten Westfernsehen, so gut das eben ging. Die selbst gebastelten Antennen erreichten die Ausmaße heutiger Telefonfunktürme. Ich schätze 95 % hatten leidlichen Empfang! Man lebte kulturell und informell im Westen. Die kulturellen und informellen Quellen des Ostens wurden bestenfalls in zweiter Distanz beachtet, und dann als mindere Qualität empfunden. Ein Schlagersänger aus dem Westen schlug in der Zuschauergunst die gesamte Ostdeutsche Konkurrenz um Längen. Ostkunst war in allen Bereichen Kunst zweiter Sorte. Die Versuche der Parteiführung, dieses kulturelle Gefälle irgendwie auszugleichen - eigene Ostkunst entgegenzustellen, wurde bestenfalls müde belächelt. Damals. Dass heute einige Rockbands und Sänger und Schauspieler Kultstatus erreichen konnten und eine Anerkennung für ihre Leistungen, Lieder und Songs erfahren, die sie früher nicht annähernd erzielen konnten, liegt einfach an der neuen Sicht, die die Menschen jetzt haben - damals wurde der Sozialismus verdrängt, heute erkennt man, was damals eigentlich ganz hübsch an der Sache war.

Das Bild vom Westen, das über das Medium Fernsehen in den Osten transportiert wurde, war natürlich nicht nur sehr "goldig", sondern auch noch geglättet und geliftet. Wenn im Osten vom Schlaraffenland geträumt wurde, dann lag das sehr nahe - vielleicht in der Gegend um Wuppertal, wo die Tante Christine und Onkel Wolfgang wohnten, die in den fünfziger Jahren abgehauen waren und Weihnachten ein Paket zu schicken pflegten. Jubel, oh Jubel!

Die Westler schauten kein Ostfernsehen! 100 %!
Die Westler interessieren sich mehrheitlich bis heute nicht, was im Osten los war und ist!
Die mehrheitlichen Ostler, die die Wende bejubelten, erinnern sich nun in wachsendem Maß an die früheren Erlebnisse - es wird nichts verdrängt - Stasi, Mangelwirtschaft etc. - es steigt lediglich mehr und mehr die Erkenntnis auf, dass da etwas gewesen ist, was doch eigentlich... wenn man's mal ganz wertfrei sieht... ach, schade drum!

Was Herr Rudolph - und seinesgleichen als eingefleischte Westbürger - zu verdrängen scheinen, sind gewisse historische Tatsachen wie beispielsweise der Marshall-Plan oder die Reparationszahlungen oder die Währungsreform im Westen oder die Wirtschaftsblockade gegen den Osten oder die Kapitalflucht gen Westen... - da sind doch die Erinnerungen an den bösen sozialistischen Staat mit Stasi und Mienenfeldern wesentlich erbaulicher. Da kann man sich ja richtig edel vorkommen, hilfreich und gut!

Was wird verdrängt?
Dass die DDR ein Land war, wo auch Menschen lebten. Menschen und keine Maschinen, keine Roboter, die nach einem vorgegebenen Programm handelten.
Es waren die gleichen Menschen wie im Westen. Nur die ganz Reichen fehlten überwiegend. Die hat-

ten sich rechtzeitig (samt ihrem Kapital) gen Westen abgesetzt.

Diese Menschen - durch und durch verunsichert nach dem Zusammenbruch des Dritten Reiches und der militärischen Katastrophe - wurden nun mit einer Idee konfrontiert, gegen die es keine Argumente gab und gibt. Die Idee einer gerechten und humanen Gesellschaft existiert seit Menschengedenken und kein wirklich intelligenter Mensch kann sie zurückweisen - höchstens vergessen, verdrängen, so tun, als gäbe sie es nicht. Jeder wirklich intelligente Mensch sieht ein - wenn man ihn denn diesbezüglich zur Rede stellt -, dass sein vorhandener Egoismus eine fatale Eigenschaft ist, die man nicht ausleben darf. Dass wenn alle Menschen ihren Egoismus freien Lauf lassen würden, es nur noch Mord und Totschlag geben würde. Das Leben würde unerträglich werden.

Also - warum nicht Sozialismus? So was Ähnliches wollten ja schon Jesus und seine Jünger. Und die vielen Sozialutopien vom Sonnenstaat und ähnliche Märchen... !

Offiziell wagt sich keiner, diese Ideen nicht schön zu finden. Manche meinen nur, es sei leider Utopie, weil die anderen nicht mitmachen würden. Ja, wenn es nur nach ihm gehen würde... aber so! Die Massen sind niemals hinter eine Idee zu bringen!

So kann man argumentieren. Und so argumentieren heute alle! Fast alle! Ich auch.

Aber damals - in der Nachkriegssituation... auch die Menschen im Westen hätten nicht gewagt, sich massiv gegen die edle Idee einer sozialistischen Gesellschaft zu stellen. Und es gab ja auch tatsächlich genügend Stimmen im Westen, die durchaus pro sozialistisch eingestuft werden konnten.

Gut, von selbst wäre man auch im Osten nicht auf die Idee verfallen, auf Sozialismus machen zu wollen, aber zum Glück waren die Russen vorhanden. Allerdings eben bloß in der Ostzone!

Von den Westlern wurde kein sozialer Edelmut verlangt, die durften weitermachen wie bisher und erhielten aus den USA entsprechende Wirtschaftshilfe. Nur die armen Schweine im Osten sollten nun edelmütig und sozialistische denken und handeln. Schreck lass nach!

Die Intelligenz war - wie alle Intelligenz überall und immer in der Welt - für den linken Edelmut besonders anfällig und hat ihn versucht, zu adoptieren. Die breiten Massen sind da bekanntlich weniger gefährdet. Sie widersetzten sich dem Edelmut aus den Tiefen der egoistischen Seele heraus. Die Verlockungen des güldenen Westens waren für sie das wesentlich bessere Argument als Weltfrieden und Völkerverständigung und Gerechtigkeit.

Die Massen in der DDR waren nur mit Zugeständnissen an westlichen Wohlstand ruhig zu halten.

Alles, was man ihnen gab - Kultur, soziale Sicherheit und Demokratie (wenn man unter Demokratie nicht nur das Wahlprozedere versteht, sondern wirkliches Mitspracherecht - sogar am Arbeitsplatz) - wurde nicht anerkannt, sondern nur ausgenutzt.

Das war ein ähnliches Verhalten, wie es heutzutage hinsichtlich der Ausnutzung des Sozialstaates im Rahmen der Marktwirtschaft zu beobachten ist.

Die Buntheit des Westens .. Blätterwald... Fassadentünche... Kleidung... Moden... Musik... Sexindustrie... auch die Werbung - alles besaß den Schimmer, aus denen die Träume sind. Den Geruch von Weihnachten und Ostern zusammen. Ein Teller "Knorr"-Fertigsuppe aus der Tüte war ein Leckerbissen, ein Festmahl für mich. Was hatte da der real-existierende Sozialismus entgegenzusetzen?
Man nannte ihn ja seit Ende der siebziger Jahre schon staatsoffiziell vorsichtshalber "real-existierend", um ihn von der Utopie eines wahren Sozialismus abzugrenzen. Der "real-existierende" war weder Fisch noch Fleisch. Er wollte irgendwo schon bisschen sozialistisch sein, aber eigentlich wollte man der bessere Westen werden. Für beides hat es nicht gereicht.

Kommt doch endlich von eurem hohen Ross herunter, Wessis! Ihr wart nicht die besseren Menschen! Es gibt bloß einen Einheitssorte - im geteilten Deutschland wie im vereinten! Es ist dieselbe Menschensorte, wie überall auf der Erde - "homo egoisimus"! Äußerliche Unterschiede spielen eine untergeordnete Rolle.

Was also verdrängt wird - um den Faden nochmals aufzunehmen - ist in der Geschichte immer signifikant für wesentliche und wirklich wichtige Ereignisse. Manche Dinge werden aber nicht verdrängt, sondern wegen ihrer Unbedeutendheit schlicht und einfach vergessen. Sie verblassen gegenüber den wichtigen Dingen. Und wenn im vereinigten Deutschland, welches staatsoffiziell und ideologisch westlich dominiert ist, etwas verdrängt wird, dann sind es die positiven Momente des real-existierenden Sozialismus, an die sich die Ossis heimlich und leise (oder manchmal auch lauthals, aber immer etwas verschämt) erinnern.

Januar 2007

GRUNDREGELN
DER DEMOKRATIE

Vorbemerkung: "Demokratie" bedeutet soviel wie Volksherrschaft. Dabei bleibt offen, ob "Herrschaft des Volkes", oder eher "Herrschaft über das Volk" gemeint ist.

1.Regel: In einer Demokratie regiert eine Regierung, die durch freie und geheime Wahlen gewählt wird. Wählen darf jeder erwachsene Bürger, der wahlberechtigt ist. Die Befähigung zur Wahl wird nicht geprüft.
Deshalb: Wähle froh und dir zum Scherz, dann fühlst du niemals Schmerz !

2.Regel: Die Partei, die in die Regierungsverantwortung durch Volkes Stimme berufen sein möchte, muss dem Volk vor der Wahl genau das versprechen, was das Volk von einer Regierung erwartet, aber was keine Regierung erfüllen kann, wenn sie erst an der Regierung ist, denn was das Volk erwartet, ist niemals das, was volkswirtschaftlich notwendig und ökonomisch möglich ist.
Merke: Keiner kann gezwungen werden, ein Versprechen zu halten, denn jeder kann sich schließlich mal versprechen.

3.Regel: Der Spitzenkandidat einer Partei muss nicht besonders intelligent sein, und benötigt auch kein übertriebenes Rechtsbewusstsein. Aber selbstverständlich muss er intelligent wirken und ein ausgeprägtes Rechtsbewusstsein zur Schau stellen. Die Kleidung sollte er dem Geschmack der Zielgruppe, vor der er sich produzieren will, anpassen.

Denn: Wer das Hemd wechselt, braucht deshalb noch längst nicht die Gesinnung vorzuzeigen.

4.Regel: Die Regierung, die vor einer Wahl in der Regierung befindlich ist, muss den Eindruck hervorrufen, als könne keine andere Regierung besser regieren. Sie muss deutlich machen, dass ein Regierungswechsel in die Katastrophe führen würde.

Die Partei, die die Regierungsgewalt erringen möchte, muss es schaffen, sich als den Retter der Nation darzustellen. Sie sollte es vermeiden zuzugeben, dass sie in Regierungsverantwortung nur Unwesentliches anders entscheiden würde, als es die aktuelle Regierung tut.

Achtung: Lieber große Töne spucken als zugeben, dass man unmusikalisch ist.

5.Regel: Die Partei, die bei den Wahlen die meisten Stimmen erhalten hat, muss (allein oder in Koalition mit anderen) regieren. Das Volk, dass die Stimmen gab, ist dann sprachlos und kann nicht mehr mitreden, wenn die Regierenden regieren.

Die Partei, die nicht regieren darf, geht in die Opposition.

Anmerkung: In der Opposition ist man gegen alles, was die Regierung tut, selbst wenn die versehentlich etwas Richtiges tut.

6.Regel: Die Regierung, die bei den nächsten Wahlen wieder gewählt werden will, darf niemals durchblicken lassen, dass die Entscheidungen, die gefällt werden, nicht vorherrschend im Interesse des kleinen Mannes (genannt: Otto Normalverbraucher), sondern im eigenen Interesse gefällt werden. Dieses Eigeninteresse besteht bei den Regierenden darin, denen, die bestimmen, wie und was regiert wird, zu gefallen, damit sie vielleicht am Ende ihrer Regierungszeit zu eben jenen aufrücken können, die bestimmen, was die Regierenden zu regieren haben.
Vorsicht: Auf der Schleimspur der Kriecher besteht akute Rutschgefahr!

7.Regel: Die herrschende Partei muss einen konsequenten Kampf gegen jeden politischen Gegner führen, sollte aber vermeiden, zu viele aus dem Felde zu schlagen, da sonst das eigene Spiel für den Zuschauer durchschaubar wird.
Motto: Viel Gegner, viel Ehr.

8.Regel: Wenn man als Partei eine Wahl verliert, darf man den Wählern nicht sagen, dass sie falsch gewählt haben, denn der Wähler kann nur falsch, kann niemals richtig wählen, weil es ja keinen gibt, der die Interessen des Wählers vertreten könnte. Und es gibt keinen, weil der Wähler die eigenen Interessen nicht kennt.
Wichtig: Vertritt ein Interesse, welches die Wähler haben könnten, wenn sie eins hätten.

9.Regel: Während in einer Diktatur nur die Ideologie des Diktators und seiner Clique geduldet wird, gibt es in der Demokratie auch andere Ideologien, die von den demokratisch legitimierten Regierungsideologen nicht geduldet werden, aber nicht ausgerottet werden können, sosehr sich es diese auch wünschen würden.

A und O: Jeder darf die Meinung der Regierenden ungestraft vertreten, wenn er vorwärts kommen will.

10.Regel: Die Demokratie kann jederzeit in eine ordentliche Diktatur übergeleitet werden, wenn nur genügende Mehrheiten zustande kommen. Und um solche hinreichenden Mehrheiten zu mobilisieren, braucht die Partei, die die uneingeschränkte Herrschaft anstrebt, lediglich an die patriotischen Gefühle der Wähler zu appellieren.

Parole: Wir sind Sachsen, wer ist mehr?

(Das Wort "Sachsen" ist je nach territorialer Gegebenheit auszuwechseln. Zum Beispiel: Wir sind Kleinkleckersdorfer, wer ist mehr?)

11. Regel: Wer gegen die Demokratie polemisiert, ist automatisch ein Honecker-Fan und ehemaliger Informant der Stasi.

Beachte: Gib erst zu, dass Du wirklich ein Zuträger warst, wenn Du Deine Ministerpension im Sack hast.

12. Regel: Ein Abgeordneter ist einer derjenigen einer Partei, die im Parlament oder in einer anderen Bürgervertretung immer dann den Arm heben, wenn ein Antrag ihrer Partei zur Abstimmung gelangt. Ansonsten glänzen sie durch Abwesenheit,

Schwatzhaftigkeit und Taubheit gegenüber den Argumenten der Abgeordneten anderer Parteien.

Hinweis: Ein Abgeordneter sollte sich niemals wegen der Höhe seiner Bezüge schämen.

13. Regel: Das Parlament ist der Ort, wo alle gewählten Vertreter des Volkes ab und an vollständig beisammen sitzen und Schicksal spielen.

Bedenke: Der Begriff "Parlament" kommt nicht von "Parlaver" bzw. "Palaver" wie man die Ratsversammlung bei Negerstämmen nennt, sondern von parlieren, was zu gut Deutsch "schwätzen" heißt.

1993

Oh Gott. Ohnmächtiger.

Die Frage nach der Existenz Gottes ist seit Jahrhunderten immer wieder gestellt worden. Gottesbeweise gibt es en masse. Auch Gegenbeweise!

Eine viel interessantere Frage scheint mir allerdings: Wenn man als Atheist weiß, dass es keinen Gott gibt, der Welt und Mensch erschaffen hat, welche Rolle hat dann der Glauben an Gott - oder der Irrglauben - bei der Menschwerdung gespielt?

Gäbe es die Menschheit ohne Gott? Können wir ohne Gott existieren?

oder noch anders gefragt: Gäbe es die Menschheit ohne den Glauben daran, dass ein Gott existiert? **War Gott also eine gute Idee für die Menschheit?** Und von Marx wissen wir ja, dass eine Idee, die von den Massen ergriffen wird, zur materiellen Gewalt werden kann.

Bisher gibt es nur die unvereinbare Gegenübersetzung - entweder Gott als Schöpfer von Welt und Menschheit - oder aber eben völlig ohne Einfluss auf Evolution und die Menschwerdung!

Für alle, die an einen Gott (oder Götter oder Götzen... oder...) als Schöpfer allen Irdischen und Überirdischen glauben, ist die Frage natürlich schnell beantwortet. Alles ist Gottes Werk! Gott ist der Schöpfer! Punkt!

Wie steht es aber mit uns Atheisten? Haben wir eine Antwort auf die Frage?

Wenn wir mit Charles Darwin davon ausgehen, dass sich die Menschheit aus dem Tierreich heraus erfolgreich entwickelte und sich durch Sozialisation als "the fittest" gegen alle Feinde durchsetzen konnte, wo ist dann die Schnittstelle zu Gott?

Ein Problem (in Anlehnung an Richard David Precht): Wer ist Gott und wenn ja wie viele? - sei im Weiteren ausgeblendet, bzw. auf die Grundeigenschaft von Gott reduziert: Gott ist einer (oder eine Gruppe von Göttern), der nach Überzeugung derer, die an ihn glauben, außerhalb und unabhängig der Menschenwelt (irdischen Realität) existiert und auf das Leben der Menschen Einfluss nehmen kann.

Die in der Menschheit aktuell vorhandenen Vorstellungen von jenem (oder jenen) überirdischen Wesen, der/die das Schicksal der Menschen bestimmen, sind so mannigfaltig wie zu vorchristlichen Zeiten. Die Götter der Ureinwohner im Amazonasurwald dürften den altgermanischen Göttern ähnlicher sein, als dem modernen christlichen Gott. Wobei auch kaum einer sagen kann, wie der eigentlich ausschaut - der moderne Gott!

Die kindliche Vorstellungen vom "lieben Gott", der auf einer Wolke sitzt und uns von oben zuschaut, scheint dabei immer noch die beliebteste und häufigste zu sein. Und zwar religionsübergreifend!

Besonders zählebig ist diese kindliche Vorstellung bei der Trauerbewältigung. Wenn ein nahe stehender Mensch stirbt, wird mit erstaunlicher Hartnäckigkeit das Bild beschworen, dass der Verstorbene von nun an - an der Seite Gottes sitzend - unser Tun und Treiben von oben betrachten und beurteilen wird. Selbst Profifußballer widmen ihre Tore mit inbrünstigen Gesten gen Himmel der verstorbenen Mama oder dem hingeschiedenen Papa... oder... oder eben direkt dem "lieben Gott" der geholfen hat, das Tor "reinzumachen"!

Auch erfolgreiche Manager kennen zweifelsohne solche Gesten, werden sie aber nicht in der Öffentlichkeit, sondern nur heimlich verwenden, wenn ihnen wieder mal ein großer Coup gelungen ist.

Infolge des Wirkens von Immanuel Kant kann nun eine Wende in der Fragestellung nach der Existenz Gottes konstatiert werden. Die neue, sehr pragmatische Fragestellung laute nicht mehr, ob er existiert, sondern: Ist Gott eine gute Idee für mich?

Diese Frage bedeutet:
Egal, wer oder was Gott ist - egal, ob es ihn gibt oder nicht - Hauptsache, es ist mir nützlich, wenn ich so tue, als würde ich an ihn glauben!
Ist das denn dann noch Glauben? Ist das dann nicht bereits Atheismus?

Anderseits - wäre es eigentlich so schlimm, wenn wir uns darauf einigen könnten, dass Gott nur eine marketingstrategische Idee ist? Gott als pragmatischer Ansatz für den Erfolg, für die Karriere, für die Trefferquote?

Ja, es wäre schlimm. Und das ist es schon seit Menschengedenken!

Es mag blasphemisch klingen, aber machen wir uns doch schnell bewusst, dass die Verwendung Gottes als Spießgeselle objektiv immer im Spiele ist - und seit Urzeiten schon immer im Spiele war! -, wenn Menschen nach Erfolg streben.
Man betete schon immer zu seinem jeweiligen Gott, um Erfolg, um den Sieg im Kampf gegen die andere Sippe, um Gesundheit, um die Torschützenkrone... und bedankte sich im Erfolgsfall gebührend! Frühere Gesellschaften unterstützten Anbetung und Danksagung mit entsprechenden Opfergaben.
Den pragmatischen Gott gibt es also in der Praxis schon lange vor Kant. Gott als Helfer, als Handlanger und Butler in den alltäglichen Kämpfen um Leben und Überleben. Fast alle Kriege wurden im Namen eines Gottes geführt.
Dieser Gott tut es auch heutzutage noch! Er ist quadratisch, praktisch - unkaputtbar! Eben einfach eine gute Idee!

Gegen diesen religiösen Pragmatismus mögen sich gläubige Menschen wehren (und vielleicht schon immer gewehrt haben), die ihren Gott als höheres Prinzip humanistischer Seligwerdung verstehen möchten; sie werden ihn - diesen Pragmatismus - mit Sicherheit als das Ende aller Religion empfinden, aber es bleibt dabei - der Gott als persönlicher Bodyguard, als Glücksbringer und Seligmacher... - und dazu noch als Gastgeber für das Leben nach dem Tod! - ist die Massenbasis aller Religionen. Besonders natürlich der vorzivilisatorischen, die noch keine Religionen im Sinne des Begriffs waren.

Den pragmatischen Gott gibt es, seit es menschenähnliche Wesen gibt, die sich sozialisiert haben und kommunizieren können und miteinander konkurrieren müssen.

Die heutzutage vermeintlich verstärkte Rückkehr und Besinnung der Menschen auf den pragmatischen Gott - der eine gute Idee für mich ist und mir hilft, Erfolg zu haben! - ist eine Tendenz, die daraus resultiert, dass der allmächtige Gott, der mir ins Gewissen schaut, ziemlich lästig sein kann, wenn man Moral und Gesinnung weit hinter sich lassen muss, um die nächsten Millionen zu scheffeln. Ein Investmentbanker, der die Folgen seiner Zockerei für viele kleine Anleger berücksichtigt oder an die Hungersnot in Afrika denkt, die seine Spekulationen mit Lebensmittelpreisen auslösen können, und im christlichen Sinne der Nächstenliebe frönt, ist schlechthin so undenkbar, wie ein vegetarischer Tiger.

Der pragmatische Gott ist mit der Idee der so genannten "freien Marktwirtschaft" genauso verknüpft, wie mit den "Gesetzen des Dschungels" oder der "Spielregeln globaler Finanzströme". Ein allmächtiger Gott wäre echt belastend!

Die Mechanismen des Marktes (des Existenzkampfes der Individuen und gesellschaftlichen Gruppierungen), das ewige Roulett, welches ohne Regeln und absolut gesetzlos funktioniert (die Floskel von den "Gesetzen des Marktes" hat sich längst als solche entlarvt!), zwingt infolge der wachsenden Härte der Kämpfe um die begrenzten Ressourcen der Erde zu einer Rechtfertigungsreligion. Man braucht die Siegermentalität! Den Killerinstinkt vor dem Tor! Herr hilf - aber nur mir!

Die Islamischen Reiterhorden waren deshalb in den kriegerischen Auseinandersetzungen immer erfolgreicher als andere, weil sie einen Gott hatten, der ihnen nach dem Tod als Märtyrer, im Himmel ein paar Dutzend Jungfrauen bereitstellte, bzw. legte. Mit dieser Idee ließ sich gut kämpfen und sterben.

Übrigens - die Ausstattung der Götter, ihre Machtbefugnisse und Vorlieben, die ihnen von den Gläubigen zugestanden und angedichtet werden, sind von entscheidender Bedeutung. Gesellschaften sind wahrscheinlich häufiger an den Eigenschaften ihrer Götter ausgestorben, als an Krankheiten und Seuchen. Die Götter der Mayas waren hinsichtlich ihres Bedarfs an Menschenopfern einfach zu gierig. Der Gott Martin Luthers anderseits gab dem Mensch der Renaissance Tatkraft und Würde. Der islamische Gott war eine historische Bremse für die Entwicklung der kapitalistischen Produktionsweise.
Genauere Untersuchungen der Wechselwirkung von Gottesbild (sprich Religionsausprägung) und erfolg-

reicher wirtschaftlicher Entwicklung liegen zahlreich vor.

Ist aber damit schon bewiesen, dass die Menschheit ohne Gott nicht hätte entstehen können?
Ist allein der pragmatische Gott die Existenzbedingung für Menschheit? Weil er einfach schon immer mit dabei war? Von Anfang an!
Natürlich nicht.
Eher im Gegenteil. Dieser - nennen wir ihn weiterhin den pragmatischen Gott, obwohl der Begriff doch weitestgehend euphemistisch ist! - ...dieser pragmatische Gott war und ist eine Gefahr für die Menschheit. War eine Gefahr von Anfang an und ist es heutzutage für den Fortbestand der Menschheit.
Der Kampf zwischen allmächtigem Gott und pragmatischen Gott hat immer stattgefunden. Und nur der allmächtige Gott macht eine Gruppe stark. Der allmächtige Gott ist der soziale Beton, das Fundament jeder sozialen Gemeinschaft.
Die „Fitness" einer Gruppe wird von vielen Komponenten beeinflusst. Der richtige Gott, ist die wichtigste!
Der Glauben an einen Gott (oder mehrere Götter) war ein wesentlicher Moment bei der Sozialisierung frühmenschlicher Gruppen. Die Ausstattung der jeweiligen Götter - Befugnisse und Aufgaben - waren entscheidend für die Nützlichkeit der Götter für die Fitness der jeweiligen Gruppe.
Die Götter als moralische Instanz sind für alle Phasen der Menschheitsentwicklung von entscheidender

Bedeutung für die wirtschaftliche und geistige Kreativität einer Gesellschaft.

Denn: Der Mensch ist zuerst ein soziales Wesen. Nur in sozialer Verbindung kann er existieren! Die Dialektik von Individuum und Gesellschaft ist kompliziert, aber fest steht, dass die Relationen stimmen müssen. Welche Relationen das sind, wieviel an Individualismus eine Gesellschaft aushält, ist nicht berechenbar. Die Gesellschaft, die sich am Ende als „the fittest" herausstellt, hatte jedenfalls die beste Relation.

Das wichtigste für die Entstehung der Menschheit war m.e. die Idee eines Gottes, der unabhängig und außerhalb der irdischen Realität existiert und über das soziale Zusammenleben der Gruppe und dessen Regeln wacht. Es war der Glauben daran, dass er (oder sie! Der Monotheismus ist eine späte Findung der Menschen.)... dass er allmächtig existiert! Und dass er in seiner Existenz wirklich allmächtig ist - in Bezug auf Leben und Tod!
Ein ohnmächtiger Gott ist wirkungslos hinsichtlich seiner sozialen Funktion als moralischer Richter!
Gott muss auch in die Köpfe der Menschen hineinhören können! Er muss den Menschen ein Gewissen machen können! Ein gutes oder ein schlechtes!
Der Mensch muss glauben, dass ihn Gott kontrollieren und auch noch nach dem Tod zur Rechenschaft ziehen kann. Dieser Glaube war die wichtigste Voraussetzung für die Sozialisierung der Menschen, für ihre "Fitness"!

Die pragmatische Seite Gottes darf nicht dominieren. Die soziale „Kompetenz" Gottes ist die wichtige.

"Süddeutsche Zeitung" Nr. 119 vom 25.5.02:
In einem Artikel "Sie säen nicht und kentern doch" wird - eine Debatte über die Modernität von Kirche zusammenfassend - festgestellt:
"Sloterdijk, Habermas und Joschka Fischer unterscheiden sich im Rang, den sie dem Christentum zusprechen, einig sind sie sich in der Diagnose: Eine vollkommen entchristlichte Welt wäre barbarisch. Wenn kein Individuum sich dem anderen verbunden weiß durch den gemeinsamen Schöpfer, wenn niemand daran glaubt, davon redet und danach handelt, dass jedem Menschen das Heil fest zugesagt ist..., dann vertrocknet die Gesellschaft zur gnadenlosen Nützlichkeitswüste."

Der Glauben, dass Gott für mich nur eine gute Idee sei, die mir hilft, erfolgreich zu sein, fördert den Individualismus. Entkoppelt den Einzelnen aus dem sozialen Verbund.
Die Wirkung von Gott auf die "Fitness" der jeweiligen gesellschaftlichen Gruppe ist nur möglich, wenn wirklich an seine Existenz geglaubt wird. Gott lediglich als Idee begreifen, führt zur Rechtfertigung individueller Gier und Machtstrebens.

Dann lieber einen radikalen Atheismus.

Denn, so wie der echte Gläubige auf die Kontrolle seines Gottes zurückgeworfen wird, so wird der Atheist auf die Gnadenlosigkeit des menschlichen Daseins zurückgeworfen. Dem Atheist bleibt angesichts der Trostlosigkeit einer unendlichen Welt nur die Wärme einer Gruppe - einer solidarischen Gesellschaft. Und Eigenkontrolle! Wenn er Achtung vor sich selbst haben will, muss der Atheist so handeln, dass er von anderen geachtet wird. Der Kantsche Imperativ! Er muss sozial und human handeln. So wie der Gläubige, der Anerkennung vor seinem Gott finden will!

Menschheit und Sozialisierung begann jedenfalls mit dem Glauben an die Existenz eines Gottes oder mehrer, der oder die die Regeln für das Zusammenleben der Gruppe festgeschrieb/en und überwachte/en. Und je fester dieser Glauben in der jeweiligen Gruppe verankert war, desto stärker war diese Gruppe in ihrem Zusammenhalt nach außen. Gottesglaube ist eine Strategie der Evolution, ein gefährliches Instrument gegen andere. Falscher Gottesglaube rächt sich.

Welcher Glauben richtig oder falsch ist, zeigt das Ergebnis - wer überlebt hat, hatte den richtigen Glauben; hatte solche Vorstellungen vom Zusammenleben der Gruppe, die die Gruppe hat stark sein lassen. Ächtung von Inzucht oder Sodomie, Schutz der Mädchen, Achtung der Alten, Nächstenliebe... etc.pp.

Und wenn wir also nun nach einigen hundert Jahren Diskussion um die Existenz Gottes (und seiner Kollegen) nicht mehr so fest an Existenz und Allmacht glauben können... - was nun? Wenn der allmächtige Gott, wie Nitzsche erkannte, tot ist? Wer hält das Böse auf? Wer hilft dann der humanen Vernunft zum Sieg?

Ist eine Wiederbelebung des Allmächtigen - der Glaube an seine Allmacht - möglich? Wohl kaum.

Im Islam existiert er noch als gesellschaftliche Konstante! Unumstritten! Wohl auch im Buddhismus und anderen Religionen außerhalb der westlichen Zivilisation.

Sind das die kommenden "fittesten" Gesellschaften, die noch an den Allmächtigen glauben?

Uns Zweifelnde bleibt womöglich nur die Hoffnung auf einen gnadenlosen Atheismus.

Denn die Evolution hat mit der Globalisierung nicht aufgehört. Welche Gesellschaft ist heute „the fittest"? Das wird sich herausstellen - wie immer in der Evolution - am Ende.

Fest steht aber, die bisherige „Fitness" der Menschheit an sich als Ganzes in ihrer Konkurrenz zur feindlichen Natur ist wesentlich ein Ergebnis des Glaubens an einen allmächtigen Gott. Der Mensch würde ohne diesen Gott nicht existieren. Nicht Gott schuf den Menschen, sondern der Mensch erschuf sich den allmächtigen Gott und damit sich selbst als allmächtiges Wesen!

2013

Kunst und Macht

- ein Thema - älter als der Stalinismus ! - und doch immer wieder haarsträubend, wenn man damit konfrontiert wird. Dabei ist natürlich eins völlig klar: Kunst kostete und kostet Geld! Und das Geld haben in einer Gesellschaft immer nur die Mächtigen; und die geben ihr Geld natürlich mit Vorliebe den Künstlern, die an ihnen und der Art und Weise ihrer Machtausübung herumkriteln.

Ist ja logisch!

Deshalb haben ja auch die links orientierten, systemkritischen Künstler in westlichen Gefilden die größten Villen und fahren die dicksten Autos. Je mehr die Kunst die Macht angreift, desto großzügiger fließt das Geld aus den Tresoren der Mächtigen in die offenen Hände der Künstler. Künstler, die die Mächtigen lobpreisen, müssen nicht selten am Hungertuch nagen. Das ist allgemein bekannt.

Und so gesehen ist es wirklich schwer für einen engagierten Künstler, mit seiner Kunst das hervorzuheben, was an den Machthabern so eminent lobenswürdig ist. Nur den edelsten Vertretern der einzelnen Kunstgattungen gelingt es,   wahrhaft Hymnisches zum Lobe der Mächtigen zu produzieren, und nicht den Verlockungen des schnöden Mammons zu unterliegen. Hut ab !

Solche mutigen Idealisten unter den Künstlern, die den Mächtigen nicht zu Kreuze oder zu Arsche krochen, gab es in der ehemaligen DDR allerdings in rauen Horden. Ja, man kann ohne Übertreibung von der DDR als dem Land sprechen, wo Lobhudeln und Schönfärben zu höchster künstlerischer Meisterschaft geführt werden konnten. Und es war nicht schlechthin jene kunsthistorisch altbekannte Manier des Hinzufügens schöner Details zu den realistischen Vorbildern - nein, die wahrhaft epochale Leistung der DDR-Kunst bestand in dem gekonnten Weglassen hässlicher Einzelheiten, die die Mächtigen als Kritik an ihrem Machtgebrauch hätten verstehen und wohlwollend honorieren können.

Die übergroße Mehrheit der DDR-Künstler verzichtete auf ein solches Judashonorar. Die Mehrheit kam den dogmatischen Forderungen der Parteiideologen nach radikaler Kritik am System des realen Sozialismus nicht nach. Allerdings - sie lobten derart gekonnt (in Andeutungen und doppelter Verschlüsselung), dass die Machthaber oft nicht merkten (bzw. nicht unbedingt zeigen mussten, dass sie merkten), wo und wann gelobt wurde. Ja, es kam sogar zu Verteilung von hoch dotierten Nationalpreisen an Künstler, die nicht wie verlangt kritisiert, sondern im Gegenteil mit aller gebotenen Schärfe gelobhudelt hatten.

Hocherfreulich also, dass jetzt nach dem Sturz des Honecker-Regimes diese schlitzohrigen DDR-Künstler ihre National- und sonstigen Preise nicht zurückgeben müssen. Ebenso glücklich macht es mich, jene, die den finsteren Mächten des Sozialismus ihre produktive Kritik entzogen, jetzt unter den neuen, freiheitlichen Bedingungen ihre hohe Kunst

des Lobhudelns - vermittels des Weglassens unäs-
thetischer Nebensächlichkeiten - fortsetzen zu sehen.
Als hervorragendste Vertreter dieser Künstlersorte
möchte ich die Journalisten anführen (soweit man
bereit ist , den Journalismus als Kunstgattung zu akzeptieren). Die Kontinuität ihres Wirkens für die
Wahrheit der jeweils Mächtigen ist aller Ehren wert.
Da ist jeder Vorwurf in Richtung "Wendehälse" o. ä.
unhaltbar.
Ein anderes Kapitel in der DDR-Kunst stellten die
international bekannt gewordenen Künstler dar. Denen konnte man nicht so einfach auf die Finger hau-
en, wenn ihr Lob am System das erlaubte Maß über-
stieg. Denen sah man vieles nach - jedoch nur solange, solang sie wenigstens hier und da Kritik an den
Grundfesten des Systems übten . Wer diese Übung
allerdings nicht mehr auf die Matte brachte, wer nur
noch die Peitsche des Lobes schwang, dem half dann
auch die internationale Reputation nicht mehr - der
wurde ausgebürgert und somit unsterblich berühmt
gemacht.
Andererseits - oh, wie widerlich ist es, wenn man
heute sehen muss, dass die unverbesserlichen Kriti-
kaster , die Nörgler , die ewig kläffenden Pinscher,
wieder von den Mächtigen gehätschelt und mit
Wohlwollen übergossen werden. Es sind die gleichen gewissenlosen Gesellen, die schon unter Ho-
necker mit ihren kritischen Machwerken zu Ruhm
und Ehren kamen, die jetzt den Mächtigen aus Politik, Wirtschaft und Hochfinanz mit aufmüpfiger
Kritik zu gefallen suchen. Es sind die ewigen Feig-
linge, die ewigen Radfahrer, denen es an künstleri-

163

schem Gewissen und der Courage mangelt, dem Lob zum Siege zu verhelfen.

Nun soll es aber in der ehemaligen DDR auch eine Sorte Künstler gegeben haben - genannt Kabarettisten -, die direkt unter der Anleitung des Kunstpapstes, Kurt Hager, standen und auf Gedeih und Verderben zu Lob und Ruhmesgesängen verpflichtet waren. Die Kabarettisten hatten für die Partei den gleichen hohen Stellenwert wie der Leistungssport. Wollte die Honecker-Clique vermittels des Leistungssportes der Welt beweisen, dass nur im Sozialismus Körper ohne Geist gedeihen können, so wollte sie vermittels des Kabaretts der Welt zeigen, dass auch im Sozialismus ungestraft und öffentlich Übereinstimmung und Lob gegenüber der Partei zum Ausdruck gebracht werden kann. Natürlich gab man diese Taktik nicht öffentlich preis - das hätte schließlich ihre Wirksamkeit verdorben -, nein, man verstand es geschickt den Eindruck zu erwecken, Kabarettisten würden mit ihren Lobestiraden recht gefährlich leben und auf der schwarzen Liste der SED stehen. In der Bevölkerung war daher die Ansicht weit verbreitet, Kabarettisten wären Dissidenten reinsten Wassers. Weit gefehlt. Sie waren "Parteiagitatoren" (wie man sie parteiintern auch eingestuft hatte) und ließen sich das scheinbar staats- und parteifeindliche Lob doppelt bezahlen - von der Partei und vom Publikum. Die Partei bewilligte die Fonds in dem Glauben, dass Kabarettisten das Publikum beschwichtigen (die berühmte Ventilfunktion) ; das Publikum zahlte, weil es glaubte, die Kabarettisten würden wider dem Stachel löcken.

Sicherlich - es kam ab und an vor, dass gewisse Kabarettisten mit ihrem Lob über die Stränge zu schlagen versuchten, doch dann wurden sie von der jeweilig verantwortlichen Bezirksleitung der Partei zu einem parteilich-offenen Gespräch geladen, in dessen Verlauf den Kabarettisten erläutert wurde, dass sie nicht den rechten Ton gefunden hätten. Das sahen die Kabarettisten immer selbstkritisch ein und gaben mit schöner Regelmäßigkeit groß bei. Wer will es ihnen verdenken? Schließlich stand die Stasi stets mit dem Hackebeil im Hintergrund - bereit, dem Uneinsichtigen einen Job in der materiellen Produktion zu verschaffen. Es soll zwar in früheren dunklen Zeiten Künstler gegeben haben, die für die Wahrhaftigkeit der künstlerischen Botschaft in den Tod gegangen sind, aber ob sie bereit gewesen wären, in die materielle Produktion zu gehen...? Zumal wenn es ihnen so schlecht gegangen wäre, wie den Kabarettisten im Sozialismus?

Wie man sich zum anderen leicht denken kann, wollten die Parteibonzen in den Kabarettprogrammen natürlich auch ein Mindestmaß an Kritik am Sozialismus und an der Partei als führender Kraft der Gesellschaft nicht missen. Was blieb den Kabarettisten anderes übrig - wenn sie weiterhin die abgesegneten Grenzen des Lobens aus- und (hier und da auch mal) überschreiten wollten - als dieser Forderung großmütig nachzukommen, und mit geflissentlichem Eifer ein bis zwei Kritiknummern in die Programme aufzunehmen. Die so genannte "Westnummer", in welcher der Klassenfeind sein gerüttelt Maß an Lob abbekam, war für ein wahrhaft sozialistisches Kabarettprogramm sowieso eine eherne Selbstverständlichkeit. Darüber, dass sich die Kabarettisten auch alle schön in dem von der Partei abgesteckten Rahmen bewegten und nicht ausflippten, darüber wachten die Kabarettisten (schließlich waren sie doch fast alle Mitglieder der Partei der Arbeiterklasse) zum größten Teil höchstselbst. Man veranstaltete in schöner Regelmäßigkeit (im Amateurbereich ebenso wie bei den Profis) so genannte Werkstatt-Tage oder Leistungsvergleiche oder wie auch immer genannte Zusammenkünfte von Kabarettisten, bei denen die hervorragendsten, und das Vertrauen der Partei am meisten besitzenden Vertreter des Genres die Linie für die anderen vorgaben, bzw. nachwiesen, wo und wann in den einzelnen Programmen der anderen von der Linie abgewichen worden war. Die sich an Parteilichkeit gegenseitig zu übertreffen suchenden Zerberusse (genannt Beratergruppenmitglieder) beklagten nicht selten, dass es sich angesichts der breit gefächerten Lobenswürdigkeit des realen Sozialismus viele Kabarettisten mit dem Lob zu einfach machen würden. Es gälte nicht nur schlechthin zu loben, sondern parteilich zu loben. Die führende Vertreterin der Kabarettszene der ehemaligen DDR gab deshalb auch eine Broschüre heraus, in welcher dankenswerterweise dem Kabarettnachwuchs des Amateurbereiches dargelegt wurde, wie Kabarett im Sozialismus zu machen sei. Sie hatte den Stein der Roten gefunden, die Frau Doktor . Wo sie ihn in den letzten Monaten verloren hat, ist leider nicht bekannt. Wer ihn findet, sollte ihn ihr zurückgeben, damit sie nicht versehentlich darüber stolpert.

Solche kunstideologischen Zensoren - wie die Frau Doktor unter den Kabarettisten (sie stand selbstverständlich nicht allein , aber man darf sie getrost als Galionsfigur bezeichnen und in Vertretung ihrer nicht minder eifrigen Kollegen hervorheben) - gab es natürlich allüberall: In Theatern, im Rundfunk, beim Fernsehen, im Schriftstellerverband, bei den Bildenden....Überall gab es die, die sich einen Freiraum für die problemlose Vermarktung der eigenen Kunstprodukte durch die willfährige Tätigkeit als Zensoren zu verschaffen wussten. Sie hielten der Partei die unsäglichen Lobhudler vom Halse und sich selbst die künstlerische Konkurrenz. Und diese Künstler, denen schon jetzt der Ruhm der Nachwelt sicher ist, diese werden jene sein (oder sind es bereits), die die Kunst im nunmehr vereinten Deutschland zu neuen Blüten treiben . Sie leben hoch! Hoch, hoch, hoch ! Nieder mit den schleimigen Kritikern, die noch niemals in der Geschichte dazu fähig waren, einen Zins bringenden und kreditfähigen Kompromiss gegen die Macht zu schmieden.

Januar 1991